美之猎犬

大阪市立
东洋陶瓷美术馆
安宅收藏余闻

[日] 伊藤郁太郎 著

金立言 译

HOUND FOR BEAUTY
The Story of
the Ataka Collection at MOCO

上海书画出版社

在"安宅收藏的李朝名品与花道宗师小原丰云的邂逅"展览(大阪·心斋桥大丸)休息室中谈笑的安宅英一先生(1976年)

致中国读者

　　艺术品收藏，不仅可以窥见藏家的感知和审美，更能把其人品、性格、人生观和世界观等深层次的内容如实地展现出来。正因如此，收藏完全无法掩饰一个人虚伪的一面，这不得不说是有些可怕的。

　　安宅英一先生对于收藏的满腔热情和他充满个性的收集方法是独树一帜的，有时甚至被评论为"疯狂的"。比如曾经有一部标题为《疯狂和礼节兼具的收藏家——安宅英一》的专题纪录片，当时备受瞩目，以一般常识性的观点来看，也许他确实有让人容易误会的言行。但凡是有机会和安宅先生接触的人，都对他那具有绅士风度的言行举止印象深刻。而我在安宅先生身边长达四十余年，得到了太多难能可贵的见闻与经历。不仅是在收藏艺术品方面，可以说在为人处事、待人接物等各个方面，我都收获了数不胜数的教诲，直到现在依然受益良多。为了把我的见闻经历与读者分享，我撰写了《美之猎犬》一书，2007年在日本经济新闻出版社付梓发行。令人欣慰的是，该书获得了杂志媒体的广泛好评，销售量也在同类作品中创下了不可多得的佳绩。

　　这次金立言先生为本书做出专业且纯熟的翻译，中文版在上海书画出版社出版发行，实在令我由衷欣喜。在此我也衷心地希望可以通过此书，让更多的中国读者关注和感受到作为日本大藏家之一的安宅英一先生独具慧眼的收藏经历。中国有"玩物丧志"一说，日本江户时代的文人将之改成了"玩物养志"，而我在此提出"玩物兴志"的期待，希望年轻一代的艺术品收藏家可以开拓出崭新的天地。

　　最后，在本书中文版出版之际，谨向上海书画出版社、提供精美图版的大阪市立东洋陶瓷美术馆，以及协助沟通的日本UNI Agency公司致以真挚的谢意！

伊藤　郁太郎

2022年5月

目　　录

致中国读者

目录

凡例

Ⅰ　美之猎犬

美之猎犬　011

藏品系列的诞生　013

通往美术馆之梦　016

英国绅士　017

信息　018

名品图录　019

梦幻图录　021

高浜学校　023

护城河　024

展览会的准备　026

偏爱　027

相遇　029

最初的指令　030

鉴定书　032

训练　033

泾渭分明　035

周详细致　036

猜谜　038

气场　040

直觉　042

风压　043

牵制　046

评价表　047

修罗场　049

迷走　050

香港后街　052

追求　053

反弹　054

反抗　056

敬而远之　058

生活空间　060

行为举止　062

采访　063

圆城寺次郎先生　065
《春之钟》　067
收藏家的境界　069
合掌　070

II "美的求道者——安宅英一之眼"展
以三顾之礼购藏名品　075
以物言志——安宅英一的美学　076
结语　081

III "谈谈安宅英一"访谈实录
　　访谈人：森孝一
关于安宅收藏的概况　085
撑起安宅收藏的人士　090
安宅英一之眼　092
陶瓷鉴赏中的精神重生　097

IV 陶然自乐
古陶瓷的价值评估　103
景德镇的午后　106

李朝白瓷竹节笔筒　108
李朝白瓷三器　109
中头彩　112

V 风尘往来
大人物与小土豆　117
《死者之书》　118
武满彻　119
能乐面具　121
戴簪的蛇　122
梦十夜　124
意大利赞歌　125

VI 图版解说
《安宅收藏概观》（译者节译）　129

后记　228

译后记　230

凡　例

1. 本书是以伊藤郁太郎所著《美の猟犬—安宅コレクション余聞—》（日文版，日本经济新闻出版社，2007年）为底本翻译而成的中文简体版著作，主要记述了收藏家安宅英一先生锲而不舍的收藏经历，而不是从学术角度阐述安宅收藏。

2. 书中彩图所展示的都是大阪市立东洋陶瓷美术馆的藏品，属于安宅收藏，除了安宅英一先生（图版40）、安宅昭弥先生（图版25、28、37、42）的捐赠品外，其他都源自住友集团的捐赠。

3. 本书与原著有以下的不同：

（1）本书为中文简体版译著。

（2）装帧方式以及封面、封底的设计及其内容。

（3）由于摄影师的差异，书中收录彩色图版所呈现出的效果有所不同。

（4）出于对中国读者的考虑，应译者要求，经过著者与译者的共同协商，第6章"图版解说"原收录36张彩色图版，本书增至46张，新增图版编号为1、2、3、11、13、15、16、17、19、25。新增图版有"※"标记，已得到大阪市立东洋陶瓷美术馆的授权。

（5）原著第6章"陶然自乐"所包含的"名壶十选"部分，应译者的要求删除。

（6）彩色图版的尺寸比例有所扩大。

（7）文中敬称的使用，遵循了原著。

（8）第6章"图版解说"的开端部分"安宅收藏概观"为应译者要求所新加入的内容，源自伊藤郁太郎在大阪市立东洋陶瓷美术馆藏品选集《東洋陶磁の展開》（大阪市美术振兴协会，1999年）中撰写的《収集の系譜——館藏品を廻って》一文（部分节译）。

4. 金立言为简体中文版的译者。

5. 彩色图版中，除了图版44为小林仁先生摄影外，其他皆出自六田知弘先生的拍摄，由大阪市立东洋陶瓷美术馆授权提供。

6. 日文原书已绝版，书中插图底版无存。本书正文中的黑白插图均扫描自原书，因此可能有不清晰的情况，请读者知悉。

7. 书中彩色图版的作品信息按照国名、编号、文化财的指定信息、名称、产地、年代、尺寸、捐赠者信息的顺序排列。其中，器物的产地及年代，依据大阪市立东洋陶瓷美术馆的见解。

I 美之猎犬

安宅收藏是由世间少有的、极具艺术天赋的收藏家安宅英一先生所创造、指导，虽无止境，却成为永存的一项整体的艺术巨制。

美之猎犬

一听到"安宅收藏"之名便会心生感慨的人越来越少了。而作为其背后的安宅产业株式会社的名字,就更令人感到陌生。时间不仅能将苦难的记忆变得模糊,同样也可以让充满荣耀的记忆消褪色彩。

自昭和52年(1977)安宅产业破产时起,就陆续有人建议我动笔写些东西。在当时,我完全没有心情去写这些回顾性的文章,而是在竭尽全力思考如何保管和传承安宅收藏。之后,此类提议仍然不绝于耳。我自己则全力以赴投入到美术馆的运营事务当中,每日工作繁重。而且,我感觉有必要当我具备了回顾过去的长远目光的能力之后,才可以开始动笔。

安宅产业破产已近三十年了。虽说岁月的侵蚀尚不算严重,但我仍然忧虑记忆的丝线会由此断绝。事实上,当年的相关人士纷纷离世,许多事情已无法再次获得确认,是到了该做个总结的时候了。必须言明的是,我自身并非是一个合格的历史讲述者,因为自己不仅对于留存记录十分怠惰,而且对于时序的记忆和思考也是赧颜乏力。需要佐证的事项,我会尽力去挖掘,仅凭记忆的事情,则可能多少会有讹误。特别是,对于许多事情究竟发生于何时已毫无把握,所以,我打算让"暧昧"的事项仍停留于"暧昧"之中。虽然这些文字几乎是等同于传说逸话,然而我当时的所感、所思和见闻均记忆犹新。

虽说是撰写与安宅收藏有关的内容,但我的记述对象完全是藏品的主人安宅英一先生。所谓安宅收藏往往会被误解,是因为它绝非是安宅英一先生个人的藏品,而是安宅产业株式会社这家企业的收藏,安宅英一先生作为负责人亲自甄选,总数计约一千件[1]。在此意义上,安宅收藏的确可以视为是安宅英一先生个人审美意识的结晶。

安宅英一先生曾担任安宅产业的董事长,他最后的头衔是公司顾问。先生出生于明治34年(1901)1月1日,逝世于平成6年(1994)5月7日。先生毕业于神户高等商业学校,

---

[1] 对外公布的数字是九百六十五件。因为存在一套之中包含数件的情况,所以总数约有一千件。

他不仅是一位独具个性的公司经营者，而且是战后日本古典音乐普及发展的重要资助者之一，有浓郁的艺术家气质。人们对安宅英一先生的记忆，有的曾经亲聆雅教，有的曾亲睹风采，有的则仅有所耳闻，因距离感有所差异而产生不同评价。这种情形完全是安宅先生独特的性格所致，实在是常人不易理解。就我所知，至少有两位作家打算以安宅英一先生为主人公撰写传记。一位是白崎秀雄先生，另一位是立原正秋先生，他们二人都认识安宅先生。这两位都曾向我直抒胸臆，请我协助他们撰写《安宅传记》。最早与我联系的是白崎先生，具体在何时我已记不太清楚。随后我向先生汇报，如我所料，他的反应极为消极，说自己不希望被打扰。随后我对白崎先生说："再等等时机吧。"对方听后，心灰意冷地说："看来是不行吧。"

安宅英一先生与笔者在仓敷·大原邸前 1979 年

立原先生（我曾称呼他为立原老师，他对我发了火，不同意我这样称呼他）与我最初接触的情形依然历历在目。从筑地的一家料理店（我们是常客）返回他在镰仓的家，途中顺路经过我家，因此我与立原先生曾多次一同乘车。那一天，车外大雨如注，因此我印象格外深刻。他上车后约有二十分钟都闭着双眼，随后他突然转头面对我说："伊藤，我有一个请求，你能答应吗？""是什么事情？我能办得到吗？"沉默片刻后，立原先生对我说出了如下的话语："我想要完成的写作，现在还剩下三部。第一部，我想写世阿弥[1]；其二，我想写千利休[2]；另外，我还打算写安宅英一先生。无论如何，我就是想写这三个人。安宅先生这边，你能协助我吗？"

他的声音低沉安静，有些不容分说的意味。这话来得突然，而且是完全出乎意料的三人组合，让人有一种承担异想天开事项的紧张感。最终，我暂且回答他："我会竭尽所能努力帮忙。"要下车时，他再次嘱咐我道："拜托您了。"我回答说"告辞"。事实上，这成为了我与立原先生的最后对话。后来听闻立原先生因病入院，我前往筑地的医院探望，因不忍

[1] 世阿弥（1363—1443），日本室町时代初期的猿乐演员与剧作家。——译者注
[2] 千利休（1522—1591），日本战国时代至安土桃山时代的著名茶人。——译者注

睹其病容，故仅呈上了一束鲜花。我当时心想可去探望的机会还有很多，不料，昭和55年（1980）8月12日，立原先生便溘然辞世了。

最后一次相逢，总会留下深刻印象。立原先生对我所说的一番话，最终也没有传递给安宅先生。我深深感到，若被安宅先生叫停，便会前功尽弃。此外，对于立原先生那迫不得已的口吻，无论其理由如何，都令人不得不下决心加以回应。我觉得立原先生在那时已经知晓了自己身体的情况，知道自己的生命进入了倒计时。正因如此，他才会告诉我他还剩下三项未竟的工作。如今想来，这怕也是他留给我的遗言吧。

白崎秀雄先生迄今出版了《北大路鲁山人》《钝翁——益田孝》《三溪——原富太郎》《耳庵——松永安左卫门》等多部知名的人物传记。而立原正秋先生则是在昭和文学史上占据一席之地的著名小说家，有《日本庭院》等艺术评论佳作。事实上，安宅先生身上确实拥有勾起这些作家创作欲望的东西。除上述两位，对收藏家安宅英一先生抱有兴趣，请求采访的记者和作家还有好几位。但是，如果对安宅藏品没有深入的了解，传记只能是浮皮潦草的文字。凡此种种，我都以"这事情非常困难"为由加以拒绝了。就此意义而言，白崎先生和立原先生都有着对艺术的独到理解，但终未能落笔，诚为憾事。

我书写的文字对于评论家和文学家而言，价值仅仅停留在其中部分的原始素材，这完全是把个人记忆的片段集中起来拼接的手工而已。进一步而言，我只是一只侍奉在安宅先生这位艺术国王身边的"猎犬"，一旦得到要捕获猎物的指示，便会目不斜视、勇往猛进、疾驰前行的忠实"猎犬"。这些文字既是作为"猎犬"的记录，也是苦乐杂陈的回忆。描绘出安宅英一先生这位出类拔萃的收藏家的面貌，是一项沉重的任务，但我想如果我的文字能够勉强表达出一鳞半爪，那这也算是我为他谱写的一曲简短的镇魂歌吧。

藏品系列的诞生

当言及安宅收藏，很多人都误认为这是安宅英一先生自己的收藏。实际上，安宅先生仅仅主导了购藏工作，就所有权而言，这些藏品全部是安宅产业株式会社的资产。安宅藏品的建立开始于昭和26年（1951），当时尚不存在企业参与艺术品事业的概念，安宅产业为何开展与公司业务毫无关系的艺术品收藏呢？毫无疑问，这是源于安宅先生的强力推动。诚然，他之所以能够向公司提出如此建议，也是受到了当时社会状况的影响。

第二次世界大战结束后不久,日本的名门望族及富裕阶层遭受了很大冲击,这便是被称为"舒普(C.S.Shoup)劝告"的税制改革[1]。这一改革给日本长久以来的古董艺术品流通及收藏形式带来了巨大变革。

战前,著名的古董艺术品几乎全部由富裕阶层人士所垄断,处于一种"藏在深闺"的状态,即使有钱也无法购入。根据"舒普劝告"而新设的名为"富裕税"的条文,财产超过五百万日元的个人必须以现金形式缴纳超额部分的 0.5-3% 的"累进税",好处是资金来源不问出处。在此背景下,通过出售古董艺术品来纳税成为最为便捷有效的途径。对于富裕阶层而言,出售不动产不仅手续繁琐而且难以在短时间内找到买家,古董艺术品则不然。在实行税制改革的昭和 25 年(1950)前后,古董艺术品的交易恰如决堤之水,传承有绪的名品重器不断现身于艺术品市场,甚至有一些流失海外。古今东西,艺术珍品并非单凭财力就可收入囊中。此中很大程度上需要假以时运,再加上眼光、财力、胆识[2]等要素,这才是成就伟大收藏的要谛。深切关注古董艺术品的部分企业家,

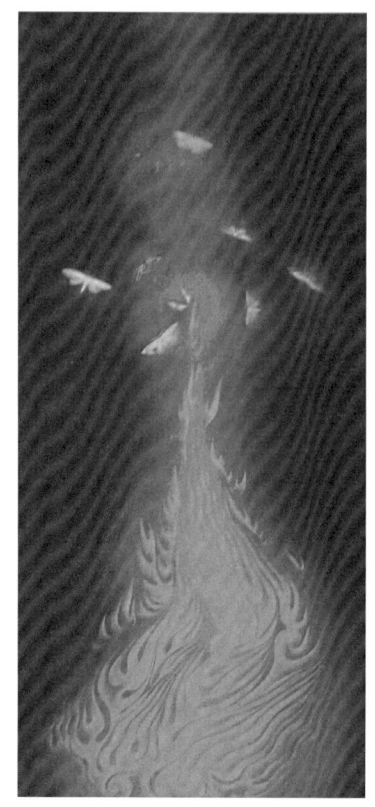

日本重要文化财·速水御舟《炎舞》
1925 年 山种美术馆藏

自然不会放过如此千载一遇的良机,乘机积极购入藏品。许多战后成立的日本私立美术馆[3]成为这一时期收藏的主要力量,这正是时代背景的深刻反映。

安宅收藏还有如下特点:它主要由三部分组成,即中国陶瓷、韩国陶瓷以及近代日本画

---

[1] 昭和 24 年(1949),以美国哥伦比亚大学教授舒普(C.S.Shoup)为首的税制使节团向联合国军总司令部提出的税制改革方案。

[2] 笔者曾向世界级的中国古董艺术品商仇焱之先生请教,对于收藏家而言,此三点要素中何者最为重要。仇先生答曰:眼光可向专家借得,财力可向他人借得,而无法借得者唯有胆识。

[3] 有五岛美术馆[昭和 23 年(1948)创设,前身为大东急纪念文库]、MOA 美术馆[前身为热海美术馆,昭和 32 年(1957)设立]、大和文华馆[昭和 35 年(1960)开馆]、三得利(Suntory)美术馆[昭和 36 年(1961)开馆]、畠山纪念馆[昭和 39 年(1964)开馆]、出光美术馆[昭和 41 年(1966)开馆]等。

速水御舟《翠苔绿芝》屏风画（四扇一对） 1928年 山种美术馆藏

家速水御舟的作品。其中，在安宅收藏的初期过程中发挥重要作用的，竟然是购买速水御舟的作品。

当时，速水御舟画作的最大藏家是武智铁二先生（大正元年至昭和63年，1912—1988）。他广为人知的身份是戏剧评论家和舞台编导，而作为收藏家的身份则鲜为人知。出身殷实的武智先生在学生时代就开始收藏速水御舟的作品，数量有几十件。

武智先生对御舟的了解非常深入，几乎过目了其所有作品，并构建起精准的价值评估体系。然而，武智先生竟然也开始出手御舟的作品，这恐怕是因为陷入了无可奈何的境地。武智先生致力于古典文艺的批评和改革，并在战后尝试改革歌舞伎。自昭和24年（1949）起，他联手关西歌舞伎的年轻演员，在两年内组建起"武智歌舞伎"团队，尤以中村扇雀（现·坂田藤十郎）和坂东鹤之助（故·中村富十郎）为主角。对武智歌舞伎的投资，迫使他开始出售御舟的画作。应当是在昭和25年（1950）前后，御舟的代表作《树木》由关西地区的某宗教法人购得。安宅先生闻此消息后颇受震动，此前，他一定曾经常听武智先生谈及御舟的艺术，武智先生恐怕亦未尝料想安宅先生也会收藏御舟的作品。至于为何选择向宗教法人售出力作《树木》，此中缘由至今已无法判明。安宅先生对此出乎意料的紧急事态迅速采取措施，由于个人的资金实在难以负担买入武智先生收藏的速水御舟的所有作品，他立刻与公司的相关要人商量，决定以公司为主体购藏艺术品。这样，昭和26年（1951）召开的董事会做出了决议：为了将企业利益回馈社会，同时也为了提升员工的文化修养，收购艺术品将作为公司业务的一项重要内容。

安宅产业于昭和26年（1951）购买了御舟的作品《炎舞》，随后在昭和27年（1952）又购入《翠苔绿芝》，接着在昭和48年（1973）将《名树散椿》等御舟的代表作纳入囊中，最终形成了包括三十幅日本画、七十六幅素描在内的共计一百零六幅御舟作品的系列收藏，成为日本之最。

通往美术馆之梦

直到昭和 50 年代（1975—1985），安宅产业才有了想要创建美术馆的想法。在此之前，公司内部除安宅先生外，几乎没有人动过筹建美术馆的念头。非但如此，公司上下都试图尽量回避将安宅收藏视为公司的正规业务。因为，一旦有了正式名分，那么原本就容易"鲁莽行事"的古董狂人（公司的管理层几乎都这样看待安宅先生）一定会变本加厉。

事实上，刊行于昭和 43 年（1968）10 月的《安宅产业六十年史》中，对安宅收藏没有只言片语，这是故意省略的结果。这种氛围在公司内部显而易见：安宅藏品终究是"社长的嗜好"、是"公司的累赘"、是所谓"见不得人"的部分。尽管这原本是在董事会上正式决议通过的一项公司业务，但其后却是一路坎坷。其成长过程与众多国际知名的收藏迥然不同。

转机出现在昭和 44 年（1969）安宅收藏于石川县美术馆首次大规模单独展出之后，其后几乎每隔一年就会在著名百货店内公开展览。在此过程中安宅产业的藏品逐渐广为人知，评价也开始提升。公司的高管层逐渐地"听到良好的社会反响"，开始改变态度。但是，"对社长的古董嗜好，视而不见、勉强应付"的气氛却也无法驱除。消极的赞同与温和的反对交织在一起，这种暧昧的氛围纠缠了数年之久。终于在昭和 40 年代（1965—1975）末，情况发生了反转。公司高管内部出现了物色筹建美术馆建设场地的动向。有一处候选地是块风光明媚、大小适中、不显山不露水且适宜建美术馆的土地。此时正值田中角荣[1]领导的日本列岛综合改造方案开始实施的昭和 47 年（1972），经济发展急速前进，公司的业绩也开始好转。对藏品的购买在此时也更为活络。安宅先生自身不论经济动向如何，只要有精品出现便会积极行动。而公司方面的态度则总是根据当时的经济状况而不断调整。

但有一点，当业绩情况良好时，气氛也会变得轻松，严格的条条框框也有所舒缓。在这种经济回暖的大环境中，公司进一步扩大业务范围，开始涉足石油贸易，这却成为动摇公司根基的滥觞。这一征兆在昭和 47 年（1972）与加拿大 NRC 炼油厂直接交易时便已显现。与此同时，关于美术馆筹建的讨论也逐渐在这一充满火药味的气氛中烟消云散了。

---

[1] 田中角荣(1918—1993)，日本政治家，1972 年 6 月至 1974 年 12 月担任日本第 64 任、第 65 任首相。——译者注

英国绅士

安宅先生在英国伦敦汉米尔顿街居所现况

安宅先生年轻时曾经在伦敦生活过较长一段时间（大约是昭和2年至昭和8年，1927—1933）。我听说，安宅先生在对古董艺术品产生兴趣并慢慢沉浸其中的时候，安宅先生的严父（安宅弥吉老先生）对此感到担忧，于是就让他前往安宅产业的伦敦分店工作。不过，这是未经求证的小道消息。

弥吉老先生本人对艺术和古董几乎毫无兴趣，他性格固执倔强，其所创建的安宅商会以销售钢铁制品为主业。这与以经营纤维为主的伊藤忠商事、丸红、日绵、东棉、江商等其他关西系统的商社泾渭分明。可能正因为此，他被拥戴成为大阪工商会议所会长（昭和10年，1935），进而成为贵族院议员（昭和14年，1939）。后来，他与禅学研究者铃木大拙先生成为朋友，并因为资助对方的研究而广为人知。弥吉老先生曾向铃木大拙先生承诺"你就沿着学问之路前行，我则专注于商业，这一辈子都会资助你"。此事作为早期企业家支援文化研究的故事被传为美谈。另一方面，他给予职员的待遇非常优厚，每年发放两次奖金，据说仅凭其中一次的款项就可以建一所小洋房，这使得人们非常羡慕在安宅商会工作的职员。

对于弥吉老先生而言，拥有艺术家细胞的安宅先生虽然是长子，但却是个与自己脾气性格不同的孩子，父子交流恐怕也一定颇为辛苦。从昭和9年（1934）直至二战结束，安宅先生都不在董事的行列。弥吉老先生从大正8年至昭和17年（1919—1942）一直担任董事长，此后由其次子安宅重雄先生承袭该职位。这一安排究竟是源自于弥吉老先生的意思还是另有缘故，最终也未能加以求证。其实，我克制自己尽量不去询问安宅先生的一些私事。我觉得这并非是出于对安宅先生的戒备心理，而是作为亲信应有的一种谨慎，这恐怕也是受我素来对此类事情不抱特别关心态度的影响。结果是，我从一开始就不具备书写传记文学的资质。不过，这样反而使我能够长久地与安宅先生保持良好关系。英雄总有人所不知的逆鳞，若无意中触碰到它，即使是很亲近的人，也会被毫不留情地疏远。安宅先生身边有几位曾被重用的人就遭此厄运，这些我曾亲眼所见，印象尤为深刻。

言归正传。安宅先生一直严于律己，谦谦有礼。特别是在正式的场合，他对人的鞠躬总是令我心生钦佩。那一刻，他的诚意显现于身形，虽然身躯笔挺却并不显得僵硬，将顾长的身体缓缓前倾却没有显得过分的殷勤，令人备感温暖却不觉虚伪，谦谨恭敬却毫不卑屈，带有一种威严，却不拘泥于形式。一言以蔽之，安宅先生的鞠躬完美地诠释了如何将情感付诸动作。为何他能够如此"身怀绝技"呢？恐怕这与他年轻时在伦敦的生活经历不无关系。

要了解英国绅士的做派，最简单的就是观察他们付小费的行为。我多次见到他给酒店的门童小费，与平日里气定神闲的举止相反，那是一种若无其事的麻利。说得夸张些，他以迅雷不及掩耳的速度就把小费传递到了对方手中。凡此种种，我不由得心生钦佩，这才是真正的绅士！对比安宅先生，我对自己的"做作"行为更加感到不自在，并且深刻感到所谓的修养，一定是在年轻时候就培养成习惯，不然的话，雍容优雅的行为举止是绝对无法自然流露出来的。

信息

安宅先生握有实权，这是不容争辩的事实。尽管他拥有的股份并不太多，但却总是让人们另眼相待。一方面这是因为他独特的气质和强大的气场，另一方面则是他掌控着拥有细致检查能力的信息网络。安宅先生几乎不出席董事会，但是，他会认真阅读各类请示书。对于心存疑惑和不能理解的地方，他会马上通过其信息网络展开调查。他提出的问题都非常具体，总是要求对方明确回答这对于公司是有利或有弊。例如，某人将要升任公司某部门的部长，这一决定是对是错；某人将要转任至札幌分店，这其中有何内情等，他都会专门进行细致的核查。因此，安宅先生也经常受到公司内部反对派的非难，批评他虽然对于业务方面的事务过问不多，但却一手把持着人事权力，恣意进行人员调动。对于这种非难我也有我的解释，我认为这在两个方面存在误解。其一，虽然说他控制人事权，但是公司的普通职员姑且不论，就本部长、部长、科长乃至于更低级别的人事公平性，他都是比别人更加关注。证据之一是，人事评价表最终会呈阅至安宅先生那里，他最为关注的是与前一年度相比，正面评价陡然走高和负面评价急速增加的人员，他一定要查明这究竟是何原因。如果他能理解便会签字，若无法认同便会否决，这项人事安排即告破产。因此，我认为事实上并不存在他恣意左右人事安排的情况。而我也曾多次见到他核对人事评价表（至于公司上层董事级别的情况，以我的身份是无法知晓的）。我认为，安宅先生在任何时候都是将公司放在最优先位置的。

第二个误解是认为安宅先生不问公司业务。其实，不仅对人事方面，对业务方面的事项，当他阅读请示书感到疑问、担心、牵念时，便立即通过其信息网络开展调查并征询意见。若问题仍无法解决，他就会向更多人进行询问，有时甚至会来征求我这个彻底门外汉的意见。

特别是在那个引发安宅产业破产的石油项目上，他连续数年一直要求原料部的员工提交内部报告。当逐渐了解内情后，他闭口不谈所了解到的信息的来源，而是直接质询公司的执行部门："此计划能够兑现吗？"据我记忆，这种质询前后多达六次。最后一次质询是针对一位他的心腹董事会成员，并且不是口头交流而是要求以书面正式答复。安宅先生也给我看过那份答复，文意虽然郑重，但措辞却极为强硬："董事会全体成员负责落实推进，今后请不要再对此事发表意见。"安宅先生感到心灰意冷，"若是如此固执己见的话，我也无力阻止了"。恰恰就在数月之后的昭和50年（1975）12月，《每日新闻》报道了安宅产业遭遇经营危机的情况。与此同时，公司内的气氛为之大变，人心惶惶。

第二年，安宅产业的董事会成员纷纷被解职。安宅先生与公司的缘分自然也走到了尽头。与此状况形成鲜明对照的是，他的表情却变得冷静而沉着。那时，安宅先生顿悟般对我说道："如果能够拯救公司，把安宅收藏全部处理也在所不惜，如果能解决问题的话……"

安宅收藏的藏品的账面价格总额约为七十亿日元（评估价格约为一百五十亿日元），而公司当时的不良债权金额则高达两千亿日元。

名品图录

一般而言，为人所熟知的安宅收藏可能就是今天在大阪市立东洋陶瓷美术馆收藏的约一千件的东亚古陶瓷。但在安宅先生的头脑中，那些并非是其藏品的全部。实际上，所谓的安宅收藏的整体是由三根立柱支撑起的"美之圣域"。缺少三根立柱当中的任何一项都会使藏品黯然失色：中国陶瓷、韩国陶瓷、速水御舟的系列画作。它们彼此就数量来说颇不均衡，中国和韩国陶瓷藏品合计约有一千件，而速水御舟的作品（包括素描在内）共有一百零六幅。这三种不同门类且风格迥异的艺术品纵横错落、紧密交织，进而形成了一个整体。在安宅先生看来，它们之间保持着微妙的平衡，互为补充、相得益彰。

我对此产生强烈感受是在日本经济新闻社提出计划出版《安宅收藏名品图录》的时候，那是昭和50年（1975）前后，安宅产业的破产已经摆在面前，只不过是时间的问题。当时安宅产业实际的经营方住友银行也充分认识到出版名品图录的必要性，因而顺利地通过了出版计划提案。那时速水御舟的系列作品已经以有偿的形式转让给了山种美术财团。即是说，出售的不仅是所有权，包括与出版有关的版权、图片的刊载权等全部权益也都一并由安宅产业转给了山种美术馆，时间是在昭和52年（1977）9月末——安宅产业破产大约一年以前。事情的背景是这样的：昭和50年（1975）12月，安宅产业的经营危机被报道后，最大的债权方住友银行便着手将安宅产业与伊藤忠商事进行合并，这也是为了把此事给日本整体经济带来的负面影响降至最低。在此过程中，安宅产业所拥有的债权中可供出售的部分便被不断变卖。

原安宅产业收藏的速水御舟作品搬入山种美术馆时的情景 1976年

安宅收藏中，速水御舟的系列作品在相对较早的时候就被决定要转让给山种美术财团。山种美术馆的经营母体山种证券将东京吉祥寺附近美浓部达吉[1]住邸的土地与之等价交换，安宅产业方在取得土地后马上出售给从事商品房建设的子公司安宅兴产，由该公司兴建商品房。山种财团方面并未以现金结算，就入藏了速水御舟作品的系列收藏。安宅产业方面虽然多少花费了一些时间，但却能够通过出售一等土地的商品房而获得稳赚不赔的收益。这对于双方而言恐怕都是一次愉快的商业合作。昭和51年（1976），一百零六幅速水御舟画作从安宅产业手中转入山种美术财团。而安宅收藏的出版计划是在此次之后才有的构想。

出版计划与日本经济新闻社商议确定后提上了日程，最终确定出版三卷本图录，分别是中国陶瓷篇、高丽陶瓷篇、李朝陶瓷篇各一卷。林屋晴三先生受邀出任主编。作品的甄选则由我来负责，并完成初稿。出版时间初步定在昭和55年（1980），凡此种种，确定好框架后我马上投入工作。责无旁贷，具体工作由我一肩挑起，不过我也打算尽可能地反映安宅先生的所思所想（安宅先生此前已经从安宅产业离任，虽然他还是股东，但与公司的经营再无任何关系）。在此过程中，我时常去往位于芝高轮（东京都港区）的安宅府上与他商议讨论，不料其间的困难、问题层出不穷。

---

[1] 美浓部达吉（1873—1948），日本公法学家、宪法学家、行政法学家。——译者注

最初向安宅先生介绍出版计划时，他首先就提出一个问题："为什么没有速水御舟的作品？"如此质问虽不符常理却威力四射。这让我感到慌张无措，只能做出常识性的回答说："御舟的系列作品已经不再属于安宅产业了。恐怕不能把别人的收藏仍旧称为安宅收藏吧……"安宅先生则说："要出版的难道不是安宅收藏的图录吗？既然如此，只有包括了中国陶瓷、韩国陶瓷和御舟的作品才能叫作安宅藏品吧……"应该说，这正是切入了事情的本质。到此层面，法律条文等等都显得苍白无力。无论说什么公司的方针或是出版社的要求，这些理由都于事无补。我只得暂时告退。在那之后，我们还有过两三次同样的交锋，他还建议我："向山种先生诉求一下吧，看有没有什么办法。"针对此，我当然也与公司的要员及出版社的负责人都进行了商讨，但明摆着这样的提议从头到尾都没有被接受的可能。

到了最后，我打着"法律上行不通"的旗号，强硬地说："如果强行蛮干的话，可能就连陶瓷藏品图录的出版也要泡汤！"终于，安宅先生似乎被说服了，我得到了无言的首肯。

安宅先生所描绘的藏品的整体形象已经远离浮生俗世的羁绊，让我觉得这恐怕就是西田哲学[1]中所谓的"绝对矛盾的自我同一"，呈现出深邃的意境。

梦幻图录

安宅先生好像并没有青史留名的想法。他几乎没有留下什么文章，履历也只有一个版本，广为人知。我通过与他的几次闲聊更对此深有体会。

安宅产业破产[2]之后，安宅家搬到了东京芝高轮[3]并在此定居下来。我经常会在下班回家的途中去他家露个面，和安宅先生聊聊天。有一次，我试着把沉淀已久的想法说了出来，那就是仅仅凭借安宅收藏应该还是无法把安宅先生对艺术品的认知完整地表达出来，总还会有很多不足之处。比如，克拉克夫人的捐赠品（Donation of Mrs. Alfred Clark）之

---

[1] 西田哲学即西田几多郎思想体系，被称为日本独创的哲学。西田被认为是日本近代哲学史上最有代表性的唯心主义者，他致力于建立一种超越唯心主义与唯物主义的哲学体系。"绝对矛盾的自我同一"在此处意指安宅收藏作为一个整体，它与组成其自身的每一件藏品之间相互限定，呈现出多元一体、一体多元的特征。——译者注

[2] 由于经营不善，安宅产业最终于1977年10月1日被伊藤忠商事并购。——译者注

[3] 东京地名。——译者注

北宋汝窑瓶（大英博物馆藏），还有Arc-en-Ciel美术财团的青瓷瓶等，也都是他梦寐以求的。由于已经入藏其他的美术馆、博物馆，即使想纳入囊中却也无计可施。另外，私人藏品中也有不少秘藏深闺而无缘购藏的名品。包括上述器物等等，我一直有心愿为他编辑一部安宅英一版的"梦想的美术馆"的图录来呈现安宅先生对艺术品的审美品位。"所有资料我来准备，只要有您的授意就够了。文字也是您只要告诉我一个梗概即可，其余部分我来负责整理编写。这一定会在历史上留下痕迹的。让我来落实吧……"对于我的诉求，安宅先生的态度却非常消极，"即使在历史上不留痕迹也无所谓……"

在那之后，我把握时机又与安宅先生几次三番地提起这个话题，但他始终毫无兴趣。而过去安宅先生平时总说："如果能收藏到那件器物就好了。"在安宅产业时代，有很多器物曾经努力想要得到，但最终却未能成功。以我的观点来看，安宅收藏的整体蓝图远远不止于目前的藏品规模。无法将其构思具体地呈现给世人，实属遗憾，因为我最终还是无法说服安宅先生。记得第三次提议时，他一槌定音地回答："伊藤君，人的心情及意愿可没有那么大的空间可以自由屈伸。"此话一出，我如果再执着，肯定会触及逆鳞禁区，至此我只能放弃。

用视觉来呈现"安宅英一的艺术"这个课题，我终究未能落实，只能遗憾不已。

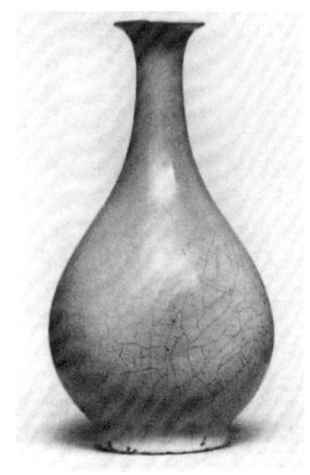

青瓷玉壶春瓶 北宋 汝窑
Mrs. Alfred Clark 捐赠
大英博物馆藏

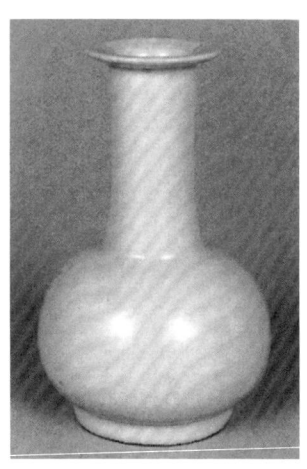

日本国宝·青瓷瓶 南宋 龙泉窑
Arc-en-Ciel 美术财团藏

高浜学校

昭和 30 年代（1955—1965），安宅先生曾经专为公司职员举办过几次音乐演奏会。[1] 场地是原 GHQ 本部[2] 所在的第一生命会馆内的第一生命大厅，其场地大小适中，在当时而言是非常好的音乐厅。参加演出的音乐家包括钢琴家中村纮子女士，声乐表演家五十岚喜芳先生、中山悌一先生，长笛艺术家吉田雅夫先生等，都是当时最为出色的艺术家。如此级别的联合音乐会，即使是现在恐怕也属于难以想象的盛大活动。很多人都是为了表达对安宅先生平时关照的谢意而参加演出的。为了在日常的工作生活中提升公司职员的修养，同时培养他们的艺术感，安宅先生尽心竭力，之所以如此，是因为他对担负着公司未来的年轻职员抱有强烈的期待。

通过入职考试的新员工若得到上级的赏识，便会被邀请参加音乐会及随后的晚宴。到夏天时又会邀请他们前往位于福井县高浜的别墅[3]。高浜的避暑地被称为"高浜学校"，被认为是所谓的"安宅家族"[4] 的疗养场所。但是，安宅先生的意图原本并非如此浅显，实际是要为年轻员工和青年艺术家提供一个人文教育的空间。

年轻人借宿在与高浜别墅相邻的公民馆或民宿，常常有十人到十四五人热热闹闹地在一起过着集体生活。这里虽然被称为学校，但是并没有专门开设讲座。偶尔会邀请公司的前辈来分享经验，但也不是定例。年轻人通常就是把摩托艇或大木船搬来运去、打打扫扫卫生、到海上的无人岛远航、开车去附近的风景名胜兜风、在沙滩上发呆晒太阳，总之就是放松身心，并没有什么特别的目的。实际上，这些活动的意义本身就是过一段集体生活。安宅先生并不期待其即效性，只是认为度过这样一段生活可能会在将来发挥某种作用，这样一种豁达磊落的教育形式彰显了安宅先生的高瞻远瞩。

有时候，年轻的音乐家们也会被集体邀请。特别是对于那些小地方出身、见识尚浅，尚未脱去学生气的音乐家而言，这一切都非常新鲜。安宅先生的教育形式绝非急功近利，而是一种以滋长个人修养为目的的长线理念。

尤其是针对艺术家们，安宅先生因材施教。让钢琴家去参观杂技团、去坐禅，让歌舞伎

---

[1] 至今仍存当时被称为"弥生会"的演奏曲目单。
[2] 驻日盟军总司令部。——译者注
[3] 住于福井县大饭郡高浜町若宫贰字南若宫八号等地。
[4] 所谓安宅家族，是由安宅英一所赏识的安宅产业职员组成的非正式团体。——译者注

演员去相扑道场观看比赛，甚至学习能乐等古典音乐的发声法。如何激发一个人的资质，安宅先生对每一个人明察秋毫。

安宅先生对音乐家的赞助活动始于第二次世界大战爆发之前。据安宅先生的妹妹长谷川登美子女士说，自昭和8年（1933）从伦敦返回日本以后，安宅先生就开始对有志于声乐的年轻人施以援手。昭和13年（1938），他在东京音乐学校（现在的东京艺术大学）设立"安宅奖"，为音乐和美术专业的学生提供奖学金。

安宅先生长期给予日本古典音乐领域以巨大的支持，从某种意义上讲，战后的日本古典音乐界的所有人都曾经得到他的关照[1]，而他本人却并不喜欢对此大肆吹嘘。在任何意义上，作为潜在的教育工作者的安宅先生可谓功勋卓越。而且我认为，教育的原点不在于"技艺"，而在于"心灵"，这尤其具有现实意义。

护城河

收藏艺术品，大体而言有两种做法。第一种是电光火石型，例如在古董店遇到心仪的器物，若价格能够接受便会马上买下，请商家包装好后立刻带回家。安宅先生奉行的原则就是只要条件具备就立即下手。推测其原因，恐怕是因为安宅先生想要及早把艺术品置于座右，以沉浸在获得战利品的喜悦之中，同时，可以高枕无忧，不用担心别人夺其所爱，安宅先生的谨慎主义和过度的防御本能自然地表现在了行动方面。

另一种则可以称之为隐忍自重型，要以这种方法下手认准的器物，必须要缜密筹划。此种方法并非凭借一时之力，而是以非常绅士的方式行事。只有在以下几种情况下，这种方法才是可取的。首先，计划得到的器物须是天下名品。若非是足以燃烧热情的东西则没有必要。其次，东西仍在私人手上。若是想要把美术馆的藏品收入囊中，则必然徒劳无功。因此，收藏名品的第一步要从调研开始。通过图录、书籍等等了解该物的相关情况。很多时候，藏家

---

[1] 受到资助的钢琴家有井口基成、井口爱子、横井和子、室井摩耶子、大堀敦子、柳川守、小林仁、中村纮子、野岛稔、浅野繁、武田牧子、宗施月子等，声乐家有四家文子、平原寿惠子、中山悌一、川崎静子、砂原美智子、小野邦代、五十岚喜芳、大桥国一等，小提琴家有井上武雄、辻久子、江藤俊哉、宗伦匡等，大提琴家有堤刚，作曲家有高桥悠治、松村祯三等，评论家包括有马大五郎、野村光一、中岛健藏等。

已经更替多次，这就要通过消息灵通的古董商来获取最新信息。知名的收藏家离世，最先跑去的就是古董商。仔细想来，虽为笑谈却非戏言。茧山龙泉堂当时的大掌柜林仙治先生就是消息灵通的"顺风耳"，安宅先生颇赏识他这一特长而加以重用。

战前定居韩国的知名收藏家主要有小仓武之助、赤星五郎、市田次郎（大邱）、伊东槙雄（龙山）先生等人，而八木正治先生则是因为其收藏的几件重器而名声在外，珍品之一便是李朝粉青粉引祭器（图版31）。很多人将其视为李朝陶瓷的顶峰之作。这一评价的出处并不确定，但的确在李朝瓷器收藏圈中广为流传，我也曾数次听闻。至于是否妥当，好东西自会说话。

安宅先生之前已经从八木先生那里购入了两件李朝瓷器佳品，但八木先生手中最重要的器物首推这件粉引祭器。经过长年的交流，继此前的两件器物之后，安宅先生终于在昭和29年（1954）将此珍品也收入囊中。但实际上，八木先生手中还有一件秘不示人的李朝名品。

安宅先生获悉八木先生的次子正好到了就职的年龄，于是便通过熟人劝其参加安宅产业的入职考试。幸运的是，八木先生的儿子以不俗的成绩通过了考试进入公司。如前文所述，因为坚信拓宽视野、见识一流事物是育人的正道，所以公司经常邀请年轻人出席音乐会。邀请的对象不仅限于安宅产业的年轻员工，也包括初出茅庐的音乐家和古董商。有时候，安宅先生还会在音乐会结束后邀请他们参加晚宴。年轻人往往会因此而感到紧张。不过，好在安宅先生虽然居于餐席的主座，但也只是偶尔做几句简单的发言，更多时候只是一名倾听者。在那里，年轻人学到了些什么并无定数，因为这样的聚会没有特定的主题。然而，在音乐会之后还能品尝美味的食物，并沉醉于欢愉的氛围，这对于大家而言不啻为一种破天荒的体验。安宅先生所追求的，并不是一种快速见效的方式。简单地说，这是一种陶冶情操的教育。音乐会及聚餐等欢快的体验使人的精神世界为之满足。这种培育方式确实缓慢，但毕竟大树无法在短期内长成。前文的"高浜学校"就是这种教育方式的一种具体实践。

总之，八木先生的公子多次被邀请出席这种"附随赠品"式的音乐会。诚然，诸如此类的话题回到家中也必将成为茶余饭后的谈资。如此这般，安宅先生的为人处事一定也间接地传到了八木先生的耳朵。安宅先生从不自己开口，他是一个看重自然表露的人。这实际上是一种委婉但颇有成效的自我呈现。就八木先生而言，他心理上的"护城河"已经失去了作用。时机恰到好处，这时安宅先生通过古董商给八木先生转告了自己的愿望，旋即获得了爽快的同意。这样，在八木先生公子入职公司之后的昭和33年（1958），八木先生将其所藏的最后一件珍品——李朝白瓷透雕莲花纹盆台（图版35）割爱给了安宅先生。

展览会的准备

在安宅产业时代,安宅收藏曾经前后七次对外公开展出。从昭和42年(1967)日本经济新闻社主办的第六届"美之美展"友情参展开始,到昭和51年(1976)举办"安宅收藏的李朝名品与花道宗师小原丰云的邂逅"为止,十年内共举办了七次展览会。

这七次展览,除了昭和44年(1969)是在石川县美术馆举办的以外,其余六次的会场都是百货商场。[1]在百货商场举办展览会有一种固定的操作模式:百货商场每周休业一天,在休业的前一天,必须要将前一个展览会的展品和会场的相关设施撤去。与此同时,准备将要开幕的展陈设备,最后将展品陈列摆放完毕。完成这一系列工作已经

1976年11月3日至9日,东京·日本桥高岛屋举办的"安宅收藏名陶展:高丽·李朝"展览开幕

成为一种固定模式。严格来说,从休业日前一天的傍晚六点半开始到休业日次日上午十点为止的大约四十个小时的时间里,必须要把前一个展览会完全撤展并将新的展览会布置就位。反反复复地与时间赛跑,这成为在百货商场举办展会的一定之规。

通常,搞定展览会的会场布置时已经接近休业日当天的傍晚了,然后,才要开始进行展品的摆放陈列。首先在展柜前铺开薄棉垫,将展品小心地从木箱中取出,在棉垫上检查一番,再小心翼翼地将展品分别摆放到展柜之中。其实,这只是临时性地放进去而已,接下来的事情还多得很。

晚上十点左右,临时性摆放工作基本完成过半。这时,安宅先生便会来到会场,大家也随之神经紧绷起来。此时他开始心无二念,不厌其烦地细致观察展品的摆放情况。我总是紧随安宅先生左右,等待他的指令。"那只扁壶,再向右来一点儿。""那只罐,稍稍再向后挪一挪。""那两只罐之间的距离,再稍微拉开一点儿。""那只瓶,把正面略微再向右转。"……安宅先生的指示很清楚,但并不精准。"略微""稍微""一点儿",这些词语的含义都很模糊。

---

[1] 昭和42年(1967,东京·三越总店)、昭和45年(1970,东京·日本桥高岛屋)、昭和47年(1972,大阪·三越)、昭和50年(1975,东京·三越总店)、昭和51年(1976,东京·日本桥高岛屋、大阪·心斋桥大丸)。

我一边看着安宅先生的脸,一边调整器物的位置。有时候是三厘米,有时候是一点五厘米。揣测着安宅先生认为适当的距离而对器物的位置进行调整,这是一件非常耗神的工作。过与不及都不可取。最重要的是我与安宅先生的彼此默契,我把这种非常细微的调整摆放称为"毫米级别的展陈"。后来,我在自己供职的美术馆,每当同仁把展品陈列完毕后,我都会细心地在展厅巡视一番,自己单独再进行一遍"毫米级别"的调整。马上,陈列的展品仿佛焕然一新,并呈现出一种共通的韵律感。总而言之,对展品进行毫米级别的位置调整可谓展陈工作的醍醐真味,这也是安宅先生授给我的"传家宝刀"。

偏爱

对于安宅先生而言,中国陶瓷和韩国陶瓷,究竟哪一个更是心头所爱呢?安宅收藏实际上是在昭和26年至昭和50年(1951—1975)之间构建起来的,虽然账目上也有昭和51年(1976)时的购买记录,但那是为了清算之前经由安宅兴产这间子公司购买的作品而又入账的,实际上的购藏终止于昭和50年(1975)。昭和50年12月初的《每日新闻》报纸上,大肆爆料了安宅产业的经营危机。当时公司竭尽其能地想要将真相暴露的时机推迟到新年之后,结果却未能如愿。有不少公司职员也是从报纸上首次得知了公司的经营危机。其实在此之前,已经发生若干件决定纳入安宅收藏的作品,而向相关古董商申请取消交易的事件,其中还包括"樱川水指"的古染付名品。由于安宅收藏中没有古染付,就我个人而言不免心怀遗憾。恰逢其时,M店推荐来了元代的青花龙纹扁壶,我前往确认了实物,作为元青花,此器造型别具一格,工艺精致讲究,若能纳入安宅收藏,必定能让元青花系列更加出彩。M店的社长盛情推荐,价格方面也给予特别关照,尽其所能地游说安宅收藏将之购藏。此时我当然不能将公司的实际情况和盘托出,但如果不在此时明确拒绝,显然会给M店带来麻烦。拒绝的说辞令我绞尽脑汁,只能以此物不符合安宅先生的审美之类的理由来应付。显然,M店社长半信半疑,依

青花龙纹扁壶 元 景德镇窑
出光美术馆藏

然锲而不舍地推荐，我只好断然回绝"这次无法购买"，而离开了店铺。顺带一提，这件作品如今收藏于出光美术馆。

昭和26年至昭和51年（1951—1976）期间积攒起来的安宅收藏，其中包括约一百五十件中国陶瓷，以及约八百五十件韩国陶瓷，韩国陶瓷数量占绝对多数。事实上，在安宅收藏构建之初的两年，中国陶瓷只买了一件而已。其后的约十年中，韩国陶瓷依然是收藏的主体，虽然其间确实也购藏了堪称名品的中国陶瓷，但也不足与韩国陶瓷抗衡。进入昭和40年代后（1965），形势发生了逆转。虽然数量上并非如此，但在中国陶瓷方面所花费的金额却扶摇直上，令人瞩目。

个中缘由，想必是与在昭和39年（1964）成功求购了广田不孤斋先生秘藏的"三件神器"（图版4、12、20）有关。从此以后，安宅先生的收藏方向越发向中国陶瓷方面倾斜。

对于中国陶瓷与韩国陶瓷，安宅先生究竟对哪一边有着更深的情感投入呢？这个问题至关重要，也是我最想探明的，但这个问题实际上却扑朔迷离。关于此，这里有个饶有趣味的故事。

长久以来对安宅收藏尽力宣传的日本经济新闻社圆城寺次郎先生，在安宅产业破产以后，也时常设宴以示慰问。某次宴会，同席的林屋晴三先生向安宅先生问道："在您的收藏生涯中，印象最深刻的人是谁呢？"安宅先生回答道："那恐怕还是要数松繁先生（广田不孤斋）和仇先生。"圆城寺先生接着进一步问道："迄今为止收藏的器物中，您最钟爱的是哪一件呢？"安宅先生低头思索了片刻，接着轻声嘟囔道："这个嘛……"就没有后续了。此时，林屋先生接过话茬道："是宋代啊，果然是宋代的陶瓷啊……"[1]这个经典桥段在林屋先生的文章中也被提及[2]。但是，在当时的场合，安宅先生的"这个嘛"，完全就是一句并无实际意思的虚话，压根就不是宋代的"宋"的意思。这也体现了要与安宅先生展开交流的难度。

我自身也曾多次地追问过安宅先生，偏爱的究竟是中国陶瓷还是韩国陶瓷，安宅先生却总是以微笑加以躲避。有一次，我下定决心最后再追问一回。终于得到了他的回答："那恐怕还是喜爱韩国陶瓷多一些吧。""为什么是韩国陶瓷呢？"这个不识趣的穷追显然再也无法获得理睬了。所以，我相信这就是所谓的"终极答案"。

---

[1] 此处的"这个嘛"与"宋"二词在日语中发音相同。推测当时林屋先生为化解尴尬，巧妙地圆上了这次对话。——译者注

[2]《安宅藏品——收集的周边》，《安宅藏品名陶展》图录，昭和51年（1976），东京·日本桥高岛屋。

相遇

昭和30年（1955）的就业状况是那几年当中最糟糕的。尤其是文科布告栏上贴出的招聘信息更为惨淡，很多时候是一片空白。与大众传媒相关的用人单位，报社方面仅有每日新闻社，电视台方面仅有NHK。当然，即便是看到如此狭窄的出路，仍旧有许多学生一拥而上。我首先也是去尝试考试，但面对严酷的淘汰率还是心生畏惧。据说每日新闻社的录用率仅有五百分之一左右。由于家庭的原因，我无论如何也无法继续留在大学里。在走投无路之际，我决定去拜托中学时代的两位恩师，想想办法。他们夫妇二人都是音乐教师，初中时是先生教我；高中时则是夫人教我。他们是无论何时、何地、何事，都可以求助的那种类型的长者。此时先生对我说："或许你可以去安宅先生那里，听说他好像在搞艺术品收藏。"安宅先生作为音乐家的赞助者，就连我都曾经听闻他的大名，但我当时是第一次听说他有关艺术品的事情。恩师的儿子是当时的新锐钢琴家柳川守，他在东京艺术大学就读期间得到法国著名钢琴家拉泽尔·列维（Lazare Lévy）的推荐而前往法国留学，成为战后日本赴巴黎的第一位留学生。在那之前，他曾经在"每日音乐大赛·钢琴组"比赛中获得特等奖第一名。柳川守在音乐评论家野村光一先生的介绍下开始接受安宅先生的资助，他那时已经在巴黎国立音乐学院就读。凭借这层关系，我的恩师夫妇也与安宅先生相识。安宅先生可能也很欣赏我恩师夫妇的质朴性格，因此，时常在去镰仓拜会古董商[1]的途中，顺道前往位于横滨偏僻所在的恩师家中小叙。

昭和29年（1954）秋日的一天，我接到通知被约往大阪安宅产业的总社。当时，我连安宅产业究竟是经营何种业务的公司都不知道。恩师也只是对我说："听说好像是从事贸易之类的业务……"在公司里，一位头衔为代理部长的人正在等我，我一抵达，他就带我乘专车赶往安宅产业待客处。那是一座往昔的木工师傅尽心修建的奢华而宏伟的建筑。我被带领到二楼宽敞的接待间。房间中央摆放着一张巨大的桌子，右手边靠里有一个巨大的壁龛，里面挂着一幅很大的画，前面陈设着气派的花瓶。代理部长让我坐在壁龛前，那是房间的最佳位置。我正要向后退缩，代理部长却跟我说："这是老规矩，你就坐那里。"而他则在我正对面坐下。谈话的内容是关于我的家庭情况和大学生活等，我们漫无边际地聊了很久。过了些时候，有人来告知我们说安宅先生来了。正在我纳闷他究竟要坐在哪里的时候，安宅先生

---

[1] 壶中居的缔造者广田不孤斋先生的府邸。

已经在靠近房间门口矮桌旁的最末席坐了下来。他看着我，十分郑重地向我问好。我慌忙撤掉坐垫，向他回礼。由于我们相隔很远而彼此问好，感觉颇不自在。安宅先生虽然坐了下来，但他既不向我发问，也不与我讲话。他只是远远地在那里听我和代理部长谈话。"你还要参加正式的入职考试，不久会与你联系。"随着代理部长的话语，我的单独面试也就告一段落了。在我的紧张无措中，时间过得很快，我惊讶于安宅先生的举止态度，他不仅对一介学生问候都如此郑重，而且径直坐在最末席的这一举动更令人目瞪口呆。与安宅先生的初次相遇，给我留下了深刻的记忆。其实，这就是终其一生都未曾改变的"安宅做派"。在很久之后，我问安宅先生："您为什么要坐在最末席呢？"他回答说："坐在那里，不是看得最清楚嘛？"

与仇焱之先生夫妇一起吃饭，坐在最末席的安宅先生 1972 年

最初的指令

据说，不论是飞禽还是走兽，都会将出生时第一眼看到的动物视为父母。在古董的世界里也有类似的情况发生。第一件为之倾心的作品将是终身难忘的，而且它的优劣会对此后鉴赏器物的标准产生微妙的影响。从这个意义上讲，我与古陶瓷的初次邂逅，是无比幸运的。

昭和 30 年（1955）4 月，我入职进入安宅产业。有一天，当我还在为生疏的工作而茫然不知所措的时候，安宅先生的秘书一井先生[1]联系了我，"会长[2]让你现在去看看正在高岛屋（东京日本桥）举办的展览会"。一井先生联络的事项总是生硬的事务性内容。即使我想要尝试着了解一些指示的具体细节，得到的回答也只是"会长就是这样讲的"。会长下达指示时的语气、目的、"什么时候去""看后是否需要做汇报"，没有任何补充或说明。

现在回想起来，这真是一个震撼心灵的展览——"宋瓷名品展"。此次展览是为纪念日

---

[1] 安宅产业的原监事一井英吉先生，是一位严谨耿直、忠贞诚信的人。
[2] 安宅先生自昭和 30 年（1955）开始担任董事长职务。他身边的人几乎都称呼他为"会长先生"。

本陶瓷协会成立十周年而筹办的，并由文化财保护委员会与东京国立博物馆协办，这在当时是非比寻常的。这也难怪，实际的策展人是当代最知名的古陶瓷专家小山富夫士先生，协助其左右的是壶中居的社长广田熙先生与茧山龙泉堂的社长茧山顺吉先生，主办方的主要策展人在业界赫赫有名、无人不知。参展作品共达一百四十一件，其中国宝六件、重要文化财十二件、重要美术品二十二件。此次展览会的内容和规模，时至今日也几乎无法被超越。

日本重要文化财·青瓷贴花牡丹纹盖罐
南宋 龙泉窑 静嘉堂文库美术馆藏

展期是昭和 30 年（1955）4 月 26 日到 5 月 1 日，虽然只有短短的六天，但对发烧友来说可谓梦幻般的盛会了。因为这是我接受的第一个任务，记得自己怀着忐忑的心情去参观了三次。那是我有生以来第一次接触所谓的古陶瓷，对其一无所知的我带着一半的好奇心和一半的探求心参观了展览。参观结束后，我觉得有义务向安宅先生做个汇报，便写了一篇简短的小文，具体内容早已淡忘。但有两件作品给我留下了深刻的印象，至今仍记忆犹新。那就是飞青瓷玉壶春瓶（日本国宝，图版 10）及青瓷贴花牡丹纹盖罐（日本重要文化财）[1]。前者以端庄美丽的姿容取胜，后者则以其釉色和优美的贴花牡丹纹饰令我倾倒。特别是后者，我甚至在心里暗自称之为"梦幻般的瓷器"。我初次接触古陶瓷的感动就是这种朦胧的感觉吧。但是，第一次就能发现一两件让我心仪的作品，已是莫大的幸事了。假如安宅先生的收藏品是甲胄刀剑，或是印笼、根付、民俗器物之类，恐怕我之后的人生会与现在截然不同。这与东西的好坏、品质的优劣无关，而是好恶的问题，是发自内心深处的取舍选择。我不由得心生感慨，能与古陶瓷，而且一开始就与被誉为具有崇高精神性与艺术性的宋代青瓷邂逅，这是何等的幸运啊！

附提一句，昭和 39 年（1964），我在安宅先生购得国宝飞青瓷玉壶春瓶的过程中也尽了绵薄之力。这也许就是所谓的缘分吧。

---

[1] 飞青瓷和盖罐都是中国浙江省龙泉窑的作品。前者制作于元代，后者制作于南宋时期，在昭和 30 年（1955）还是"重要美术品"。特别是后者，呈现出一种在日本称为"砧青瓷"的美丽釉色。所谓浮牡丹，是指以凸起方式表现的牡丹花纹。

鉴定书

那是在昭和 34 年（1959），我进入安宅产业四年之后的事情，安宅先生让我起草了很多关于公司购入的艺术品的鉴定书。为什么需要鉴定书呢？实际上，这是要提交给税务局的。贸易公司收购艺术品却又不出售，这是怎么回事？是否在洗钱呢？经常听说企业花费数亿日元购买最多值数百万日元的金屏风，其中的差额都流入了政治献金这类传闻。安宅产业的艺术品收藏似乎也被怀疑存在同样的玄机。正因如此，公司才收到要求相关权威人士出具书面文件证明的要求。

对古代艺术品的价格最为了解的，当属专业的古董商。按道理，应当请古董商来提供公司所需要的评估证书。事实上，国立或公立博物馆及美术馆在购入作品时都会组建评估委员会，由该委员会完成相关流程，而其中的部分委员是邀请有信誉的古董商来担任的。然而，公司方面也有自己的考虑。关于收集藏品的内容，在形成体系之前不希望被第三方知晓，收藏家对古董商的戒备心理尤其根深蒂固。如果被人知晓此次购买了某一器物，甚至探知到此物的入手价格，那么这就好像是把底牌展示给对方看一样，会对之后的购藏活动带来影响。因此，若将这种隐私的紧要事项委托给古董商处理，简直等同于圣域遭到入侵。

那么，是否还有深谙价格的有识之士呢？安宅收藏的领域包括中国陶瓷和韩国陶瓷，虽然爱好者众，但以此为专业的研究者却屈指可数，有出具估价证书能力的更是寥寥无几。再者，安宅先生也不愿意让这些学究知道他的最新收获。这是收藏家们所特有的固执与偏见，也是一种所谓的秘密主义。尽管总还是要将器物与这些人分享，但还是要千方百计把握时机，决不轻易示人。这一点是安宅先生身上尤其显著的癖性。

事情总有对策，普遍意义上的艺术鉴赏家正好可以成为适当人选。只要是在公众认知方面有一定知名度即可，尽可能是与古陶瓷无关的专家。具体而言，诸如拜托佛教艺术、绘画史研究的大学教授或茶道方面的资深人士，这些人虽名声在外却不懂古陶瓷。而我的职责就是撰写煞有介事的作品介绍，填写准备支付的购买金额，还有就是再请人家写几句认可的套话，便具有了鉴定评估证书的形式。正所谓上有政策下有对策。

我的"处女作"权且举例如下："此物是巨龟形象的砚滴。巨龟拥有神奇的力量，背负着绵延千里的山峦，昂首张口、目光炯炯。这件不足四寸的砚滴，彰显出难以想象的神秘力量。青瓷的色泽与奇特的器形交相辉映，充满了幽邃的情趣。此物价格为 XXX 万日元当属恰当。"（高丽青瓷神龟形水滴）

最近我在翻阅资料时，发现了一份饶有趣味的草稿，上面还留有安宅先生的亲笔修改。"此物是器形颀长、曲线流畅、雅趣盎然的酒瓶。通体装饰的葡萄蔓草纹和底部簇集的莲瓣纹共同呈现出该器物的高雅品味。青瓷釉色深邃，实属上乘佳作。此品价格XXX万日元当为妥当。"（高丽青瓷阳刻葡萄纹葫芦瓶）安宅先生对这段评价进行了修改。他将文首的"颀长"改为"雄浑大气"，并做些诸如"雄伟""无瑕疵""再无机会买到"等简短的补充，指示我把上述语句添写到文字当中。通过安宅先生对内容的增补，我们可以窥知他对这件器物的看法。

青瓷神龟形水滴
高丽 12—13世纪
大阪市立东洋陶瓷美术馆藏
住友集团捐赠

训练

不论任何事情，安宅先生的表达方式都不是直截了当的，而是婉转迂回的。带有若无其事、被觉察到也好、未被觉察也无关紧要的意味。然而，他的目的总是非常明确。安宅先生的风格不是"言语清晰，意味不明"，恰恰是"意味明晰，言语委婉"。

安宅先生带给我的古董教育就是如此进行的。这种教育方式并不单调，反而如在蛛网密布的课程体系中东撞西闯。

在古董修行中最重要的一课就是安宅先生命我与他一起拜访古董商。他只是让我一起陪同，而不做任何解释或说明，我只好仔细端详展示出来的器物。有时候他会让我把器物的底部呈现给他看。这时的他目不转睛，一言不发。如果满意，他便只说一句"请送过来吧"；若是不中意，他就不声不响地径自离去。面对沉默无语的安宅先生，古董商只能自己找话说来活跃气氛。若是无话可说，就继续拿出东西来请他过目。在古董店内，即使没有语言交流，安宅先生也依然能够安然久坐。而古董商则尽心尽力为他不断提供信息并出示器物。这正是安宅先生走访古董商的目的所在。

青瓷阳刻葡萄纹葫芦瓶
高丽 12世纪
大阪市立东洋陶瓷美术馆藏
住友集团捐赠

有时候，安宅先生会在"おかね"[1]对我进行考试。他将正好在手边的七八件李朝的水滴拿出来，对我说："按照你的眼光从最好的一件尝试着排一排顺序。"那时我进入安宅产业不过数年，也还没有怎么系统地学习。接触李朝的水滴类，那也还是第一次。看着畏缩不前的我，安宅先生催促道："试着排吧。"我端详来端详去，忐忑不安、犹豫不决地把几件水滴在桌上颠来倒去。一直在旁观察的安宅先生只是嗤嗤哼笑，最后嘟囔一句："它们的妙处，看来你还是未能把握啊。"考试也就至此结束了。作品的优劣，我自己还是不能辨别，也正是这种没有答案的考试，才是对判断的严峻考验。安宅先生的测试总是没有明确的答案，我当时的种种回应，直到现在回想起来仍然汗颜不已。

对我的考试不仅限于将器物摆在眼前的时候。随便什么时间，我都会遭遇意想不到的提问。"梅泽先生的定窑碗和大维德的定窑碗比较，你认为哪个更好？"我说出了自己的答案，得到的仍旧是嗤嗤一笑。在那种时候，即使我穷追不舍地问一句"请您告诉我吧"，也不会得到答复。后来我只能加倍磨练自己的感悟力，除了自己得出明确的结论以外别无他法。安宅先生在某种意义上就是通过逼迫对方，来让其自己寻找出路。这种方法好像是在迂回曲折走弯路，但他一定想说："这才是最便捷的不二法门。"

我所要欣赏的，不仅限于古陶瓷。安宅先生如口头禅一般地经常说，"必须要去见识一流的事物"，他也是让我如此去实践的。例如音乐方面，我就于昭和34年（1959）在东京宝冢剧场听了一场意大利歌剧。那是马里奥·德尔·莫纳柯（Mario Del Monaco）演出的《奥赛罗》。世界上竟然有如此美妙的音乐，我惊讶得目瞪口呆。莫纳柯的歌声在我耳边回响，振聋发聩。昭和36年（1961），著名女高音歌唱家雷娜塔·苔巴尔迪（Renata Ersilia Clotilde Tebaldi）来日演出《托斯卡》，那是我第一次接触到如此神圣而庄严的歌剧。此外，富有魅力的茱丽叶塔·西米奥纳多（Giulietta Simionato）、男中音歌唱家吉安·贾科莫·圭尔菲（Gian Giacomo Guelfi）以及莫纳柯等艺术家分别献上了精彩的《阿依达》《安德烈·谢尼埃》《卡门》等，在全日本掀起了热潮。安宅先生招待我在最佳的席位上聆听了这些歌剧。其实，不仅是歌剧、钢琴、小提琴、声乐、交响乐等等，只要是自己喜欢的，有时都会去听。不过，有幸得到安宅先生邀请，我更加如鱼得水。而且，在音乐会结束后的宴会上，还可以与艺术家们欢聚一堂；有时甚至还会在宴会结束后受邀前往"おかね"鉴赏古董。这一时期

---

[1] 安宅产业东京分社的接待寓所。租借了位于日本桥滨町河岸的小料亭，这里也是安宅先生在东京的固定住所。

的艺术欣赏不仅限于音乐方面，还包括能乐、歌舞伎、芭蕾舞、相扑、马戏等相当广泛的领域。著名的横纲级相扑选手双叶山虽然已经退役，我与他多有接触并得以亲聆雅教。一番谈话使我感到心胸得以开阔、人格得以提升，同时也惭愧地感到自己的卑微。

上述所有种种，皆成为鉴赏艺术的养料，也是审美的有效修炼。所谓王道，绝无可能在短期内速成，而是在不知不觉的漫长时间里充分发酵。日本经济新闻社的圆城寺次郎社长在安宅产业破产后曾经这样对我说："伊藤君，你度过了一段全世界最幸福的打工仔生活！"对此我扪心自问，不胜羞愧，在接受了珍贵的"王道教育"之后，究竟是否达到了安宅先生的期待？若地下有知，安宅先生恐怕仍旧不会做出回答，而只是嗤嗤哼笑罢了。

泾渭分明

钢琴家中村纮子女士曾经写下这样一个故事[1]。有一天，中村女士被安宅先生邀请欣赏首次访日的莫斯科大马戏团（Bolshoi Circus）的演出，但她却不明白为什么要观赏马戏表演。她怀着喜悦兴奋的心情正看得入迷，忽然听到安宅先生在一旁喃喃细语，"在舒曼（Robert Alexander Schumann）的《狂欢节》当中出现了很多小丑啊"。小丑在马戏表演中担当着重要角色，而在当时中村女士正在排练的《狂欢节》中也有很多小丑登场。安宅先生邀请中村纮子女士观赏马戏表演，就是想让她亲眼看到"真正"的小丑。不过，既然抱有这样一种目的，那么完全可以一开始就明言告知，但他却又婉转迂回地以间接谈话的方式来暗示。若是对方不能明了其意图，他便会看透对方悟性的迟钝。某种意义上，安宅先生有严苛而无情的一面。对于认同的人，他如神佛一般宽宥；而对于无法容忍的人，他则像魔鬼一般冷酷，不容丝毫的斟酌考量。例如，在安宅先生与公司职员接触的过程中，对于他乐于接纳的人，即使是刚进入公司的新员工，他也会郑重客气地称呼对方；而反过来对那些他不感冒的人，不论有什么官衔，他都直呼其名。安宅先生的头脑中，公司内部的势力分布图是仅仅依靠姓氏之后是否缀以敬称来加以划分的。安宅先生认同一个人的标准究竟如何？说实话，我也不知道。虽然他泾渭分明地严加区别，但也不绝对。不知何时，安宅先生称呼某人"某某桑"的"桑"

---

[1]《周刊朝日》，平成2年（1990）3月23日。

字就被他拿掉了。相反地，偶尔也会有原本被他直呼其名的人，姓名之后的"桑"字又复活的情况。说话对象的不同使安宅先生的言语措辞也有变化。中村纮子女士回忆起中学时代与安宅先生接触的经历，这样记述道："没想到他在和还是孩子的我说话时，竟然也会使用郑重的敬语。"

总而言之，安宅先生对于那些值得表达敬意的人，不论男女老幼，也不论其社会地位如何，都会以礼相待。他的郑重举止，可并非是敷衍了事。例如，我们在"おかね"讨论古董，热烈畅谈直至深夜，往往已是凌晨两三点钟，这对于晨昏颠倒的安宅先生而言，仍然属于"晚上"。有时候东方既白、黎明将至，我硬是起身离席，说道，"拂晓时刻了，今天就此告辞，请允许我失陪了"。我起身后，安宅先生会送我走过长长的走廊来到房门口，然后一直站在那里目送我穿过庭院的小径，再注视着我关上车门、摇下车窗向他告别。这个过程，已经不是"惶恐不安"这样的言辞所能表达的情感了。虽然是个老派的词语，但"鞠躬如也"[1]所表达的意思正是我认为最接近自己当时的感受。这就是我进入安宅产业后，二十余年里安宅先生从未改变过的一贯做派。

他的这种态度与作风，即使是针对不会说话的器物也是如此。他说："在经历了千辛万苦之后好不容易得到的名品，我的那种喜悦之情实在是无以言表，这份欣喜若一人独占则太过可惜，我会给亲近的人派送红小豆饭以分享快乐。"回想起来，当买到李朝青花草花纹多棱瓶（图版38）时就是如此。当天，聊天畅谈直至拂晓才结束，我归宅以后发现，盛装豆饭和鲷鱼的料理锦盒已经早早送到家了。

周详细致

安宅先生在招待客人时，会请他们欣赏收藏。这包括以下几种情形。第一种情况，是将客人邀请至位于安宅产业本部三楼的一间小型艺术品展陈室（68页）。受邀来到这里的都是收藏家，而且是安宅先生希望有朝一日能将收藏割爱给自己的同好之士。收藏李朝陶瓷而闻名的中川竹治先生及笠川正诚先生等人榜上有名[2]。每年一次，安宅先生都会邀请他们前

---

[1] 弯腰躬身、恭敬谨慎的样子。
[2] 关于中川竹治先生和笠川正诚先生，可参看第46页《牵制》。

来鉴赏当年入手的部分名品，这其实是在不经意间表达出如下的意思，"承蒙诸位关照，今年购买了这些东西，不久的将来可能也要厚着脸皮向您开口了"。这种场合，安宅先生自己是绝对不肯露面的，而是会让大阪公司值得信赖的部长级别的干部来招待客人。这是因为他担心自己一出面，利益关系就会变得过于直白。另一种情况，邀请来的是日本经济新闻社的圆城寺次郎先生或小说家立原正秋先生，与他们之间不存在买卖的可能，安宅先生便会让我前去招待。

还有一种情况，是具有非常个人色彩的邀请，受邀者包括古董商、实业家以及艺术家等。由于我的工作地点在东京，因此大阪那边的此类招待情况我并不了解。而在东京，通常都是将客人邀请至日本桥浜町的"おかね"。（安宅先生对于拥有自己的不动产这件事情几乎是毫不关心的，就连他在神户住吉的家也是公司职员宿舍的形式。他在东京的住所，是一家名为"おかね"的小料亭，然后被改造为公司的招待所。那里也成为安宅先生在东京的住处。安宅产业破产后，他从"おかね"搬往位于芝高轮的住宅，那里也是租来的而已。总而言之，安宅先生对买房自己居住这件事毫不上心。）

上述将客人邀请至"おかね"并展示藏品之前，安宅先生需要根据对方所具备的造诣、品位、涵养等，在甄选器物方面做足功夫。把各种器物的十二寸照片置于手边，像扑克牌一样排列开来，反复加以琢磨、构思。这项工作的要点在于究竟应当以何种方式进行组合。与茶道器具的种种搭配一样，因组合的不同，器物所体现出的价值亦有所不同。若都是名品，不仅彼此抢镜头，而且容易让人诟病为土豪行为。再说，东西之间也会出现互不投缘的情况。当甄选作品的工作最终结束后，安宅先生便会对我发出源自于他缜密思量的"谕旨"。"当客人抵达后，要立刻奉上热煎茶，茶味不要太酽。在向客人展示藏品时，桌上首先要把'甲'放上去，等客人们充分欣赏完毕后将'甲'收起来，接下来就轮到'乙'。等到'乙'的鉴赏结束后，仍旧把'乙'留在桌上，再与'丙'摆放在一起。然后，将'乙'和'丙'一同撤去，再把'丁'慢慢地拿出来……等客人们欣赏完'丁'之后，就进入茶歇，这次的茶须要浓一点。"如此这般，安宅先生给我细致入微的指示。其实，对藏品开陈与收回的一举一动都不难掌握。最重要的是，我必须对客人的心情和主人的意图领悟到位，进而随机应变并以具有韵律感的身段来落实这些环节。对于安宅先生来说，上述的种种既是一种仪式，也是一种礼法，只为充分彰显器物所具有的美感而不使其蒙尘。

猜谜

安宅先生的话语，总是让人费解。他将自己深思熟虑之后的结论与别人分享时，会用精挑细选的言辞来进行表达。尽管他自认为想要传递的意思清楚明了，但对方有时仍然会感到茫然无措。

他会以一句令人猝不及防的"果然，铁绘毕竟是罐啊……"来开始谈话。听者只能含混地附和回答说，"啊……是吧"。至于究竟为什么突然谈起了铁绘，则是压根都不明白。而且，也不晓得为什么说"果然"、为什么是"罐"。

片刻之后，他又说"果然还是少啊"。

"啊？"

"踏破铁鞋也找不到。"

"嗯？什么啊？"

"瓶类的立件器物。少见啊。"

到这时才终于理解，安宅先生是想说李朝陶瓷的铁绘类[1]器物，瓶非常少见而罐子颇多。

中村纮子女士曾经这样写道："与其说是在与安宅先生对话，不如说是在禅机问答，就像是做猜谜游戏一样。"

特别是初次与安宅先生交流时尤其感到辛苦。他并不是那种健谈的人，即使是在谈话内容丰富而意涵深邃的场合，他也主要是以听为主。"嗯""啊""喔"之类的感叹词几乎都不用，他只是默默地听着。有时候他会稍稍显露出得意的微笑。听说作家川端康成先生曾经故意对一位年轻的编辑一言不发，结果编辑哭了起来。安宅先生与人交流，和上述这段逸闻有着本质上的差异，他无论如何都会尽力与对方在思想层面保持契合，但是，落实在语言上的顺畅交流有时却无法实现。

因此，当要与初次相见的人会面时，安宅先生总是命我伴其左右，为的就是让谈话能够顺利进行下去。此外，我还需要承担解释安宅先生表达含义的任务。安宅先生的话语背后原本都是有着思维的连环，它们会在谈话过程中依次出现，但会在某些地方有所欠缺。为了让对方能够理解其意，每当这时，就需要我来进行补充说明。例如我会解释道："即是说，在

---

［1］ 主要是17世纪后半叶至18世纪前半叶李朝时期出现的瓷器的装饰技法。在釉下以含铁颜料绘制纹样的器物。多数图案奔放、富于野趣。

观赏陶瓷的时候,如果鉴赏者不能将神经置于全开状态,那就无法观察到本应看到的东西……先生要表达的就是这个意思。"诸如这般,我会用我的表述来添文加字地予以阐释,使之成为可以理解的表述。换言之,我又把他的话加工翻译成更加通俗易懂的语言。

但是,有时候这种行为也会不自觉地超越翻译的职责,变为谈话的主人公。特别是如果对方是个急性子,安宅先生的反应又胶着拖沓,这种情况便应运而生。有几次,安宅先生并未迅速应答,最后演变成作为陪同的我与客人的对话。诚然,这也是顺理成章发展的结果。等客人离开后,安宅先生转向我小声地说,"多嘴多舌……"他并不会对我严加斥责,而只是点到为止。

下一次,我就会汲取教训,始终保持谨慎克制。明显地,安宅先生的风格无法与客人尽情欢谈。当客人归去后,这回他小声对我说,"应酬不周……"

很多直接认识安宅先生的人都曾由衷地对我说过,"二十年下来,真难为你了……"

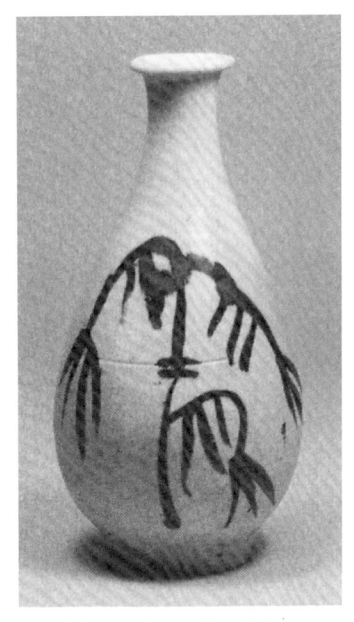

铁绘草纹瓶 李朝 17世纪下半叶
大阪市立东洋陶瓷美术馆藏
李秉昌博士捐赠

铁绘草花纹壶 李朝 17世纪下半叶
大阪市立东洋陶瓷美术馆藏
安宅昭弥先生捐赠

气场

对待事物，安宅先生拥有一种独特的感觉。而且，在此基础上，他对人也有凭直觉来加以判断的癖性。说是癖性，其实就是当他感受到某些东西后，会将这种感受作为自己的判断而深信不疑。

在我的挚友中有一位艺术家，他在大学毕业以后参加工作。对于自己身边的年轻人，安宅先生对他们的异性交友方面颇为严格。他经常说："要结婚的时候，事先来跟我聊两句。"碰巧这位挚友有了恋人，我也见过那位姑娘，是一位稳重优雅，既有内涵又有情趣的女性。于是，安宅先生便对他说："请把她的照片给我看看。"有一次在料亭聚会后，我的朋友在走廊里拿出三两张照片给安宅先生过目。安宅先生伫立在灯下，目不转睛地看了两三分钟，然后把照片还到朋友手中，没有发表任何感想。

第二天早晨，我被安宅先生的秘书一井先生叫去，他递给我一张稿纸说："这是会长让转交你的。"

就我所记得的，稿纸上写着十几条感想之类的文字。我感觉，安宅先生对这位姑娘好像并没有什么不好的印象。我立刻联系了那位朋友，下班后在咖啡厅与他碰面，把便条交到了他手中。朋友迅速浏览，突然将目光停在了某处，空气一下子凝重了起来。

"怎么了？"我问。

他没有回答，过了片刻，他口中沉吟了一声"嗯……"

"怎么回事？"我再次追问。

"上面写着令人意外的内容。"朋友答道。

"到底怎么了？"我第三次发问。

原来，稿纸上写着："其本人颇有主见，做事亦有深谋远虑，但也许会做出令人意想不到的事情。"（大意如此）我这才听朋友讲起了具体情况，原来他女友的母亲是自杀身亡的。我也是第一次听闻这件事，备感惊讶。朋友自那以后陷入了深深的烦恼，最后，那段恋情无果而终。虽然是一件令人伤感的事情，但毫无疑问，安宅先生的几句感想给朋友的内心带来了重新深刻思考人生的契机。当然，未能走到一起这件事完全不是安宅先生的责任，而是朋友斟酌考量各种因素后自己做出的决断。自那以后，我和这位朋友再也没有提起过这个话题。

安宅先生是古典音乐的资助者，由于处事低调，这件事虽然并非广为人知，但是没有不透风的墙，仍然有很多人找到我这里来，拜托我帮忙介绍他们和安宅先生认识。我通常只将对方的履历及师承关系略加介绍，没有必要向安宅先生做详细的汇报。安宅先生频繁出席音乐会，中场休息时他总要吸烟，所以必须前往入口处的大厅，这时我便小声地告诉站在立柱背后吸烟的安宅先生："在对面第二根立柱旁边说话的三个人中，最右侧那位穿白色晚礼服的女性，就是前些天我跟您提起的某某女士。"这时候安宅先生非常短暂地向那个方向看了一眼，时间恐怕只有一秒钟。过了一会儿，他又看了一眼，于是便得出了结论。或者是"那就见面吧"，或者是"那就算了吧"。青眼相加的人，在几天以后就会收到来自一井秘书的面试通知。

安宅先生在福井县高浜海岸边散步 1977年左右

　　安宅先生究竟是根据什么进行判断呢？我时常也感到不可思议。他隔着二十到三十米的距离来观察他人，一瞬间他究竟感受到了什么呢？是那个人的姿势还是容貌？绝不可能仅仅是这些表面性的要素。在我看来，可能就是一个人所表现出的气场吧。简单地说，安宅先生应当是敏锐地感受到了那个人所生成的气场。换言之，在光学领域中把能够识别出一个看上去是一个点的事物，其实是由两个点所组成的最小距离称为"分辨率"[1]，而安宅先生就是这种识别能力极为发达的人。

　　当然，我也并不是想说安宅先生的感觉总是对的。但毋庸置疑的是，他的确具有常人无法比拟的敏锐感性。这一能力有时会拯救他自己，也会有人因他的判断而选择自己的人生道路。不论对物还是人，安宅先生都投以相同的目光。所以，具有如此犀利眼光之人所择选出的藏品，必定出类拔萃。对于此，即使是仅仅近距离欣赏过一次安宅收藏的人，无不心悦诚服。

---

[1] 在光学中表示成像性能的概念。望远镜、显微镜、肉眼等能够分辨的两点间最小距离。亦指称视觉。

直觉

安宅先生敏锐的直觉一再令我瞠目结舌。所谓直觉，便是指类似于洞察力、灵感、第六感的东西。

一次，在一位古董商那见到一只气韵十足的铁绘罐[1]。口部造型似有似无，难以清晰界定，属李朝独特的圆润造型。纹饰为草花纹，笔触强劲，铁绘的发色亦呈浓重的铁锈色，整体的印象令人一见倾心。当时这只罐内插着鲜花，摆在屋内的壁龛。我第一时间向安宅先生报告了这件事。当时还没有像数码相机一样可以很好地记录图像的设备，所以我通常会在随身携带的速写簿上随时随地素描记录。仅凭言语描述难以传达视觉印象，所以对于此类对话，直观的视觉性素材是不可或缺的。安宅先生对着那件作品的速写凝视一会儿之后，猛然抬头问我道："你看底部了吗？"这出其不意的一问令我有些局促不安，忙答道"没有看，因为里边插着花呢"。安宅先生说："有机会去看一看底部吧。"对话就此打住。

第二天，我再次走访了那家古董店。恳请店主能否看一下罐的底部，店主随即爽快同意。他取出鲜花并倒出罐中的水，把那件器物的底部展示给我看。我诚惶诚恐地看过底部之后，幡然醒悟，这件的确有问题。不仅限于铁绘罐，尤其是李朝的陶瓷，器物的底部大多暗藏玄机。胎土、烧制方法等（有器足的话，厚度、高度、修足特征；平底的话，釉的流淌状态、支钉的有无等等，都各有特色），每件作品的这些细微的差异，实在难以简单地用语言说明。然而有长年累月的经验后，仍会有所察觉，赝品总是带有特殊的做作感。这只铁绘罐做得相当精妙，不会是战后乃至近年的作品，恐怕是所谓"大正李朝"[2]时期的高仿。无论如何，确实存在问题，安宅先生想必也是有所察觉。说来有些自卖自夸，我画的速写精准到了足以据此看出破绽的水平。之后，再次与安宅先生会面时，向他报告道"那个罐果然不老"，安宅先生微微露出了得意的笑容，答道："我就知道嘛。"

当然，并非是说安宅先生对所有的古陶瓷都具备非凡的鉴定眼光，不时也会遇到虽然钟意却对其真伪略感不安的东西。那时就会彻底地向值得信赖的古董商或日本知名的一流学者询问意见，这种情况多出现在中国古陶瓷。我会携带着那件东西，去听取各方的意见，并一字不差地记录下谈话过程，细致入微地向安宅先生汇报，为了使未到现场的他也能身临其境，

---

[1] 参看第38页注释1。
[2] 大正李朝，指日本侵占朝鲜半岛时代的20世纪早期烧造的瓷器。——译者注

铁绘草花纹壶（和文中所记述的相类似的铁绘罐）
李朝 17世纪下半叶
大阪市立东洋陶瓷美术馆藏
住友集团捐赠

我有时连感叹词也不落下一起写入报告。

但最终的判断一定是安宅先生自己做出，安宅先生会不留死角地去理解并研究报告中的意见，并结合自身的判断反复不断地推敲琢磨，他从来未向我翻来覆去地问这问那。这是因为第三方的意见充其量只作为参考，最终会根据自己的判断得出结论。

我认为，安宅先生本人堪称一位顶级的古陶瓷鉴赏家[1]，这一点毋庸置疑。

风压

收藏家也有各种类型。有一类是豪放磊落、清浊并吞，他们对于自己的藏品中是否混有些许的赝品并不介意。在我认识的人中就有这种类型。我曾经和他一同前往中国购物，他采购的商品是中国现代的景德镇瓷器。他常挂嘴边："再过五十年或一百年，这些也就成为很棒的古董了吧？总有一天技术会消失的，到时候价值就显露出来了。"我们去了几家展卖店，他对商家说："这个架子上的我都包圆了。"他并不挑选而是按堆搓的方式买货，无论是如何动人的当代陶艺，这种买法还是令人错愕不已。有一次，我开口建议："至少把购买的数量缩减到三分之一吧？"他回答道："数量才是关键。将来的评判标准及价格行情也许是我们在今天意想不到的。"所以说，有什么样的思维模式，就会有什么样的做事方法。

安宅先生与这样的收藏家正好相反，他对每一件器物都要小心谨慎、认真细致地进行挑选。他甚至拥有女性思维的特征，但是，他做出决断却非常迅速，虽然有时也会有所犹豫，不过整体而言，他是在见到器物的瞬间就会得出结论。与其说是安宅先生在对器物进行判断，不如说是他的直觉发挥了作用。器物的优劣，是没有道理好讲的。（安宅先生是一位讨厌大

---

[1] 即使是那些应该对安宅先生有相当深入了解的人当中，也会有人私下偷偷发问："安宅先生当真懂陶瓷吗？恐怕是有谁在给他提建议吧？"

谈道理和百般辩解的人。他所命令的事情，对方因为种种原因而未能完成的时候，"其实"两个字刚一说出口，他就会正颜厉色地打断说，"不要找借口"。）安宅先生原本就是一位擅长一眼看透事物本质的人，而且还有着与生俱来的探求欲和出类拔萃的执着心。特别是在古董方面，他好像就是专为收藏古董而生的。实际上，当气场强大的人面对目标时，他的气场就会变得更加强大，其力量惊人，有时候甚至会产生出能够碾碎一切的风压。

凡购入藏品都是以获得公司方面的同意为条件的。但凡公司在经营上没有相当严重的问题出现就没问题。若还有反对的声音，安宅先生立刻与对方直接谈判。这样的场合，决定胜败的毫无疑问是人的风压强弱。不痛不痒的抵抗，恰如风暴中的枯叶，完全不堪一击。虽然我未曾亲眼目睹这样的场景，但要形成一千件的藏品规模，不难想象在此过程中凝聚了安宅先生多少的执念。这就是他身上"疯魔"的一面。

有两件令我刻骨铭心的事情，使人觉得安宅先生确属"疯魔"。一件事是我听他人转述的，另一件则是我的亲身经历。

讲述此事的，是我在安宅产业工作时的直接上司，我进入公司时他是课长代理。这位上司性子急，不太擅长那种踏实细致的工作，但却有着侠义心肠且快人快语，是所谓那种慷慨大度、雷厉风行的人。自我进入公司以来，虽然中有间断，但差不多有二十年的时间在他手下工作，自认为吸收了他的优点。（所谓优点，就是决断迅速。尽管有时会因为决断过快而不知所措，但去和他商议工作时，他几乎都会当机立断地做出结论，然后交给部下去做。对部下而言他是一位易于相处的上司。）下班后我时常和他一起喝酒，听他讲起过一件关于安宅先生的轶事。有一次，安宅先生前去观看歌舞伎演出。演员的名字我以前也曾听说过，但因记忆有所模糊，在此略过不提。那位演员出场后正准备高声念诵自我独白的瞬间，安宅先生突然大喊一声"拙劣！"演员刚一出场就因这意想不到的奚落而遭遇挫折，不由得停住了脚步。但他不愧是职业演员，仍旧继续着自己的表演，而观众席则在一瞬间变得鸦雀无声。

安宅先生则若无其事地继续坐在那里观看表演。听完这则逸闻，我简直难以置信，不禁说道："怎么会这样！"而接下来的这件事，则是我的亲身经历。

位于东京银座的雅马哈音乐厅规模并不大，由于其地理位置优越所以经常举办独奏音乐会。当时，有一位中坚钢琴家正在那里举行音乐会，安宅先生和我一同前往。安宅先生的座位在靠后位置的通道旁边，我的座位则在其内侧。坦率地说，这场演奏不太能够让人提起精神。可能是因为钢琴家的秉性过于一丝不苟。（我认为，艺术家必须要有"疯魔"

的一面。）安宅先生不论是谁的演奏都会全神贯注地仔细聆听，好像欣赏器物时的屏息凝视一般，就连在他旁边的人都会感到紧张。钢琴家弹奏着乐曲，快要接近前半部分的结尾处了。就在那时，坐在我旁边的安宅先生突然大喝一声："非常拙劣！"他平时说话声音小而低沉，当他放开声量时便会产生一种重量感，如同用粗钝的棒子相互击打一样在耳边回响。此时此刻正所谓胆战心惊。我不由得环顾四周，周围的观众也同样目瞪口呆。幸运的是，钢琴家正好在弹奏最强音[1]，对台下的喊声好像并未听得十分真切。在那之后很短时间这支曲目就结束了，演奏会进入中场休息。我和安宅先生跟在络绎不绝的人群后面来到大厅。一想到有人正看着我们，我就感到无地自容。而安宅先生则是一副毫不在乎、镇静自若的样子。我想既然已经做出了"非常拙劣"的判断，那当然没有必要听下去了。于是，我对安宅先生说，"我们回去吧"，而他则一言不发。就在这时，铃声再次响起，接下来的演出就要开始了。安宅先生返回到自己的座位，我也只得坐在旁边。这次安宅先生好像一切都不曾发生一般地听着乐曲，直至最后都一直保持着安静。刚才那一声"非常拙劣"到底是怎么回事？我在一旁暗自忖度。

安宅先生在听钢琴演奏时，那才是被音乐深深吸引一般地细致聆听。他在自己的头脑中也同样弹奏着钢琴，于是便会出现钢琴家的演奏与他自己节奏不合拍的地方。在他看来必须这样弹奏，而现实中的音乐却发生了错位。二者之间的分歧越来越大，终于越过了他头脑中的那条底线，就在那时，他不由自主脱口而出的，就是那声"非常拙劣！"因此，当耳朵听到的声音与他头脑中想象的声音相去甚远时，必须要让它们保持一致的那个本能反应就是"非常拙劣"这样的喊声。所以，当声音发出来的瞬间，那股气也就发出来了。于是，安宅先生立刻恢复了平静。我在一旁悄悄偷看，发现他的面庞仍旧是平日里腼腆含蓄、稳重谦和的样子。按照一般常识，这种行为实在难以想象。如果否认这种行为确实有悖常理，恐怕是过分袒护而遭人诟病。于是，我把安宅先生突如其来的风压理解成为"疯魔"的一种表露。

---

[1] 音乐当中强弱标记之一。意味着"最强"。

牵制

这个话题不得不从一个漫长的序言开始。

首先,自第二次世界大战前起,关西地区便有很多李朝陶瓷的收藏家。包括川田顺、笹川慎一、多田平五郎、市田次郎、八木正治、佐佐木治郎等,姑且不论收藏品的数量,拥有高品质藏品的收藏家大有人在。就连安宅先生本人也曾常常情不自禁地感叹"在大阪开藏品展览会实在令人忐忑不安"。

二战当中至战后期间,作为关西地区的收藏家,中川竹治先生与笠川正诚先生两位的大名在圈内可谓人尽皆知,虽然很少显山露水,但两位高超的鉴赏力仍令一部分人心生敬畏。

中川先生因编著了《座边的李朝》(私家版,昭和46年,1971年)一书而为人所知,正如书中序言里记载的那样,这是一个带有强烈主张的收藏。并非名品主义,而是瞄准了即便个人也有足够能力收藏的"平价品,即白瓷与瑕疵品"。但又绝非单纯地购买便宜货,其中贯穿着一种收藏理念。

另一方面,笠川先生可谓是"一掷千金的收藏"。不同于中川先生,他的藏品中鲜见瑕疵品,却不乏馆藏级作品。中川先生可称之为刚毅傲骨、意气风发,笠川先生则是枯淡遒劲、深沉寡默的类型。他们两位同为住友银行出身,在收藏李朝陶瓷方面互为肝胆相照的好友,也有彼此竞争的味道。两位在第二次世界大战期间也一直保持着密切关系,时常一起针对李朝陶瓷进行鉴赏、切磋、交流信息等。我曾见过他们的往来信札,并希望能以《往复书简集——李朝陶瓷的梦幻》为题将两位的书信集结成书,但在我日复一日的拖沓之间,他们先后驾鹤西归,着实令人遗憾。

安宅先生也时常提起中川、笠川两位的名字。公司三楼的展览室会一年一度地陈列当年购藏的重要作品,每年都会邀请两位参观。每当此时都会由部长级别的干部专程接待,安宅先生虽一概不出席,却会在事后详细地询问他们参观时的情景。我没有问过安宅先生每年邀请他们的理由,想必是要与喜爱李朝陶瓷的两位同好一同分享鉴赏的喜悦吧。另一方面,也会有让对方看到安宅收藏如此一点一点地充实起来,有朝一日想要将两位的收藏纳入安宅藏品的委婉意图。而安宅先生自己不出席,或是不愿置身于这种透着世俗气的场景里,而干扰了两位的鉴赏。这样的用心安排或许可以促成两位割爱藏品的契机吧。安宅先生就是如此深谋远虑。

终于迈入正题。我全权负责编辑[1]的《韩国美术搜选》[2]一书，耗时三年多时间，对于我本人来说是一项毕生的大事业。像这样的总集图录，必须要付出巨大的努力来选择刊载的作品，这直接决定了内容质量的高低。

我自然想要从笠川藏品、中川藏品中选出大量想要刊载的作品，但不能在没有得到安宅先生应允的情况下与两位接触，于是惶惶不安地向秘书一井先生提出了请求。很长时间没有得到答复，正在担忧之时，终于收到回复说"安宅先生说希望你不要接近他们"。这无疑是金科玉律，唯有遵从。至于安宅先生是以怎样的语调及口吻说的，是否面露不悦等等，即使再三追问也是无济于事。一井秘书正如鹦鹉学舌一般地又说一遍，"希望你不要接近"。

在此我就不得不推理猜测了。或许，安宅先生不想因为这样的事而毁了慎之又慎才建立起来的关系，他不愿因此类出版图录索要图版等无关紧要的事而节外生枝。总之，一涉及心爱无比的猎物，神经紧绷的安宅先生就容不下半点马虎。最终，两位先生收藏的名品无一收录其中，《韩国美术搜选》于昭和53年（1978），在东京大学出版社付梓问世。

评价表

戏剧评论家、编导武智铁二先生在第二次世界大战前就开始痴迷于古典艺术，并且将自己的资金投入其中。战后的"武智歌舞伎"囊括了当时关西歌舞伎年轻演员的中村扇雀（现・坂田藤十郎）、坂东鹤之助（故・中村富十郎）等，获得了社会各界的巨大关注。武智先生曾于昭和39年（1964）出任电影《白日梦》的导演，昭和40年（1965）还因导演电影《黑雪》而被控猥亵罪。

但是，武智铁二先生从学生时代就开始收藏被誉为近代日本画天才的速水御舟的作品，进而成为大收藏家，这件事几乎不为人知。

我有好几次与安宅先生一起拜访武智铁二先生，他说话虽然语调平和却充满热情，拥有一种不经意间让人着迷的气场。可能在与我一同拜会武智先生很早以前，安宅先生就已经被

---

[1] 拣选作品、刊载手续、与执笔者沟通、照片拍摄、扉页解说、翻译辅助、版面设计、装帧、校色等。
[2] 包括《总论》《高丽陶瓷篇》《李朝陶瓷篇》三卷内容的豪华图录（东京大学出版会，昭和53年，1978年）。

他灌输了速水御舟的魅力。这无疑成为大量收藏其作品并构成安宅藏品三根立柱之一的原因。我去拜会武智先生的那一时期，他正在投入大笔资金用以收藏日本画家中村正义和野村清六两人的作品，安宅先生也曾碍于情面乘势购入几件。但毕竟这些与御舟的作品相比落差太大，因而没有再继续买入。果然，这两位画家好像并未如武智先生所预言的那样走红。

《翠苔绿芝》搬入山种美术馆后（左起第二人是时任馆长的山崎富治先生，最右为笔者）

昭和26年（1951），安宅先生开始大力购藏速水御舟作品，不论武智先生或是有其他画商推荐，只要价格合适，安宅先生都会当即决定是否购入。之所以能够在见到作品之前就做出判断，实际是因为手中握有一件秘密武器。那就是由武智先生亲自制作的御舟作品一览表，其中载有创作年代、装裱种类等信息，同时还打上了评价的符号。可以说，这就是收藏御舟作品的武林秘笈。评价符号包括"三重环""二重环""一重环"和"三角形"，若标上"三重环"，意思是不问价格坚决买入。"二重环"则表示需要考虑价格，"一重环"则意味着根据安宅先生对画作构图是否喜欢再来决定购买与否，而标注"三角形"的就表明放弃。因为安宅先生决断迅速，所以也颇受画商们的好评。

这份作品一览表应当是武智先生打的草稿，然后再由安宅先生的文案秘书以此为底本誊写而成。一览表严禁复印，制作了相同内容的若干份，我有幸也保管着一份。

有一次，武智先生对我说他手边没有保留原始记录，有些内容想要再确认一下，让我给他一份此一览表。我觉得完全没有问题，便满口答应下来。出于惯例，我将这一情况向安宅先生进行了汇报，结果却令我大跌眼镜，他严令禁止我将副本交予对方。对此，我惊讶得连嘴都合不拢了！只好一再向武智先生道歉。事关收藏，这是容不得私交情谊的，我除了豁出去一味道歉别无他法。虽然武智先生非常生气并不断诘问，但我也不能告知实情。对方忿怒地挂断了电话。不过，总算逃过一劫，在这很久之后，我们又恢复了接触，因为收藏买家为王，武智先生又有要推荐的作品。

安宅先生的想法究竟如何呢？像其他事情一样，我再三忖度，心想恐怕就是如下的情形："作品一览表的作者本人武智先生自己想要一份副本。这说明本应知晓御舟作品全貌的人也有盲点。只要手中拥有这份一览表，就意味着在御舟画作的收藏方面，自己就是'天上地下，唯我独尊'的专家了。若是将副本交给武智先生，或许今后要继续购入作品时，对方有可能开出天价。而且，这份副本还有可能被转至其他收藏家手中。所以，最好就是不把一览表交出去……"如此这般，我确实感受到安宅先生身上"疯魔"的一面。针对我的这一番推理，安宅先生若心有灵犀，可能会讥讽我"以小人之心度君子之腹"。

最后，在将御舟作品全部转让给山种美术财团时，我将这份引出纷扰的作品一览表一起送给山崎富治馆长，因为我认为它是整体收藏不可分割的组成部分。那一刻，山崎馆长如获至宝一般，喜形于色。

修罗场

不论遇到什么样的事情，人只要穿过了这些修罗场就会变得强大。可以说，经历过的修罗场的次数能够佐证人生经验的丰富程度。

购买艺术品，这个在他人乍一看来风光潇洒的行为，实际上也有修罗场布局其中。

昭和 47 年（1972）冬天，武智先生联系我们说有一件御舟的作品在市场上出现了。我查看了一下作品评价表，上面标着三重环，这意味着即使尚未见到作品，也可以马上决断买入。按照安宅先生的指示，在履行完敝公司方面的手续后，我便开始就作品交割和货款支付等事宜与武智先生展开磋商。最后决定在某日某时，携带现金在位于赤坂的某料亭进行交易。对于此类交易活动，公司方面没有人施以援手，最多只是派来一辆公务用车。我事先把商定好的现金装入大包，然后乘车前往指定的料亭。抵达后，我嘱咐司机，若一个小时后我还没有出来，就赶紧与公司联系，说完我便径直进入料亭。时间大概在下午三点左右，整个料亭内寂静无声。我沿着走廊进入一个房间，里面只有武智先生一人等在那里。寒暄过后，马上转入作品交割事宜。武智先生对我说，希望我先支付价款，然后他再从其他房间把作品实物拿过来。但我认为这种方式不可取，坚持先要对实物加以确认。在日本画的交易过程中，最糟糕的情况是有可能会遇到复制品，只有再三核实才能安心。但是，武智先生却说这幅作品由他亲自担保，而且货主就在其他房间，若不先结款就不能交付作品。于是我说："既然如此，那能否拜托您把画作主人请到这里来？"武智先生却说："哎呀，那恐怕多有不便。"在此过程中，武智先生已经一两次离席去到其他房间。面对坚持要一手交钱一手交货的我，一脸难色的武智先生再次起身去交涉。过了很长时间，他返回屋内提出了一个新的建议，他说："此事这样来解决吧。请你在自己的名片上写明，确认了画作无误之后一定付款。"我回答道：

"这样的话,我把谈好的价格金额也写上去吧。"武智先生却说:"我这边不希望写上价格。"最终,我在名片上写下了对方要求的语句,签名之后交给了武智先生。又过了很长时间,武智先生手拿装有画作的木盒回到房间。接下来,我便开始确认作品。虽说有武智先生从中担保,作品应当不会有差错,但我仍有责任要细致检查。我拿起画作仔细端详,把正反两面都看了个遍,最后确认无误。另外,这件作品在便利堂出版的大部头的画集中亦有收录,对比起来并不麻烦。更好的是,这幅画作是卷轴形式,所以也不需要把画作从画框中取出。最为关键的问题就是要确认画不是复制品,复制品暗淡乏味,没有真迹所具有的神韵。在方方面面都检查妥当后,我把画轴放回木盒,再将现金交予武智先生。这次轮到武智先生费时耗力了,他必须点清现金。当这些都完成后,武智先生走出了房间。我侧耳倾听,发现一个房间内喧嚷不断,似乎有几个人盘踞其中。过了一会儿,好像有人从那个房间中走出,继而又进入了对面的另一个房间。又过了一阵子,武智先生返回我处,拿出一张未曾相识的人出具给安宅产业的收据,同时把刚才的名片也归还给了我。交易终于完成,此时此刻,武智先生才长舒了一口气并对我说了声:"有劳你了!"

我乘车离开料亭,回想着刚才交易的前后经过,意识到料亭内的三个房间都上演了剧目。即是说,其中一个是武智先生与我会面的房间;一个是武智先生与几位画商接洽商议的房间;还有一个则是画商中的代表与画作所有者谈话的房间。中间的那个房间,正是所谓"百鬼盘踞"的大本营,恐怕种种交易细节都在其中粉墨登场。其实,与一流画商之间的交易,几乎没有此类繁琐的手续,买卖过程简单明快。但如果交易的是高价物品,那么小画商,甚至于没有店铺的夹包客等都有可能暗中活动、参与其中。未曾料想,这次就得以窥见他们的内幕。值得欣慰的是,在这次交易过程中,武智先生的一举一动在我眼中无不果敢坚毅,令人心生敬意。

说起安宅先生,他只是在我乘车准备出发时说了一句:"可别被人骗了啊!"而当我平安地带着购买的作品回来时,他也只是一句:"一切没问题哦!"

迷走

在收藏速水御舟作品的过程中,最为重要的事件就是《名树散椿》屏风的购买经历。该屏风属二扇一对,这是安宅先生锁定的最后一幅名画,在后来更被文部省指定为重要文化财。回想起来,武智先生也曾经提供过有关这件屏风的信息。那是在昭和47年(1972)前后,

日本重要文化财・速水御舟《名树散椿》屏风（二扇一对） 1929年 山种美术馆藏

《名树散椿》屏风在山种美术馆点交时的场景（左起第二人为笔者）

原来的藏家表达了可以出让的意愿，但具体事宜均未确定。武智先生那边每隔几个月就会打来一次电话，每次都与我协商此事。如此反复了一段时间，在夏天假期我前往京都游览的一天凌晨一点多，我又接到了武智先生打来的电话。这一次他胸有成竹地说事情快有眉目了。挂了电话，我也顾不得时间已是凌晨，马上打电话向安宅先生汇报此事。"这次看看情况吧？"电话那头的安宅先生听上去也是狐疑不安。对此，我更是心存疑窦，毕竟为了此事已经费了四五次口舌。我们一直等到了秋天，事情依然毫无进展。武智先生说对方代理人总是找出种种借口，果不其然，此次也不了了之。听闻此事，安宅专务董事（安宅先生的长子）说他认识藏家本人，于是在与安宅先生商量后，我们决定采取行动。事情进展得很顺利，原来藏家确实打算出手，但至今未曾将此事委托给任何人办理。最后终于水落石出，原来都是因为武智先生所认识的中间人在自导自演。当名品要易手售出时，此类情形常有发生。看来武智先生是被结群逐利的奸商耍弄了。某日，专务董事与我结伴去拜会藏家，事情很快谈妥。专务董事率直地提出，由于屏风的开价相当高昂，能否再便宜一些。对方充满善意地回答，价格无法做出让步，但既然诚意买卖，那就在屏风之外再附赠两件御舟的作品和另一件横山大观的作品。为了防止《名树散椿》的交易过程中流言四起（若是外界知晓藏家与安宅产业直接交易的话，恐怕又会遭受诽谤中伤），于是双方一致商定，聘请一位值得信赖的画商作为中间人加以斡旋。最后，此事委托给了东京日本桥的一间经营日本绘画的老店，对方也欣然受命。昭和48年（1973）9月，屏风正式从该画廊纳入安宅收藏。

其实，这件事还有花絮。一年之后，仍不时有一些小画廊或是中间人等对我们声称《名树散椿》似乎露面市场并愿意从中斡旋。他们所提示的价格五花八门，正所谓"群魔乱舞、各显神通"，每当听到这样的信息，我总会忍住发笑，一板一眼地答复对方："只要您能够将实物拿来，我们随时愿意按照您的开价马上付款。"

一位与安宅先生较为熟识的女士也曾前来接洽过此事，我实在心存恻隐忠告她说："这件事，您不要过多介入为好。"

香港后街

要说起修罗场，出国到海外，更去了经人介绍才认识的店家并买货，这才算是其中最令人生畏的。平时素有往来的 M 店发来了一张元代青白釉贴花玉壶春瓶的照片，从照片上看是件不错的东西。于是我马上向安宅先生汇报，先生指示说，"东西看起来不错，跑一趟吧"。从 M 店收到的信息如下："这件器物是香港的一处店家介绍过来的，因为觉得不错，本打算购入，但因价格方面的原因最终放弃了。贵公司是专门做进出口业务的，如果感兴趣的话就直接和对方交易吧。"昭和 50 年（1975），安宅产业在经营方面除了内部很小的一些问题以外，尚无大的破绽。之所以能够顺利获得董事会的同意，可能是因为他们对在石油问题上不断提出批评的安宅先生示好吧。因为价格已经商定好了，所以我的任务只是付款和取货了。因为交易条件是现金支付，所以我们委托香港分公司与当地银行进行了联系，从当地银行取款。因为正值业务繁忙时期，香港分公司里也无人愿意对与公司业务无关的艺术品收藏施以援手，仅派了辆车。到了银行后，我提着大包向柜台窗口走去。银行门口持枪的保安人员威严站立。在香港，印度裔的保安人员很多，一脸浓密的黑胡子，一直垂到胸前。我从柜台窗口被带至内部房间，四周是坚固的粗铁栏杆，一瞬间，仿佛置身于监狱之中。如果数钱的技术不熟练的话，面对大额现金，清点无误并非易事。之后，我将钱收入包中，返回车内。接下来是决定胜负的关键时刻了。按照地图的指引，车辆在香港的后街小巷中行驶。终于到达了目的地，是一栋外观陈旧的典型老楼。我照惯例叮嘱司机："如果一小时后我还未出来的话，请紧急联系公司派人来。"然后，乘电梯上楼，前往对方的事务所。办公室倒是出乎想象的利落、整洁。我们双方虽然互未见过面，但对方却像早就知道我，笑容满面，这稍微缓解了我的紧张。接下来，进入正题，请出器物，进行细致的检查。因为事先知道此物多少有些瑕疵，现在主要看瑕疵的大小。这件器物的工艺特征是串珠纹，仿品会显得极不自然。此物有浑然天成的韵味。器足底部带有火石红，修足规整，青白色釉亦尽显光泽，可以断定为真品无疑。

我从包内取出现金，交予对方确认。将必要的文件交换后，完成了此次交易。而后把瓶子打包好放入提包，小心地夹抱在左腋下回到车上。这种情况下，通常用左腋夹抱着物品，右手为了应对突发情况，轻轻扶着左腋下的物品。

从银行的现金提款，到在杂乱的香港街市中搜寻目的地，直至带着大量现金进入外观破旧的大楼电梯，紧张的情绪不断升级。虽然是由信赖的 M 店介绍，但是不管怎么说，经过还是很辛苦的。一回到香港分公司，我立刻给安宅先生打电话进行汇报。"东西怎么样？""釉色比预想的要好。""你辛苦了。"

但是这种紧张还将持续一段时间。从香港返回羽田机场，完成通关手续，直至存入公司的金库为止不能掉以轻心。所以说，夹抱在左腋下的时间，真的不算短呢！

青白釉贴花玉壶春瓶
元 景德镇窑
大阪市立东洋陶瓷美术馆藏
住友集团捐赠

追求

当下定决心无论如何都必须要买到某件器物的时候，安宅先生就会变得如魔神一般。

巴黎老牌的古董商卢芹斋好像准备要出售磁州窑梅瓶（图版 3）的消息传出来了。我在美国的老朋友 F 君和卢芹斋是老相识，他得到了对方的特殊待遇，所以很早就把其他人家实在无法得到的梅瓶的彩色幻灯片送到了我的手上。安宅先生被那些照片深深地打动了，他对我说："一定要把这件事推进下去。"我遵照安宅先生给我的指示和 F 君谈妥了购入时候的付款条件、运输方式以及手续费等所有事宜。但是，安宅先生似乎很难信任这位他从未谋面的 F 君。在此过程中，从多位颇有实力的日本古董商那里也不断传来消息，说这是一件超乎想象的名品。然而，卢芹斋心中究竟做何打算却完全无从知晓，他好像想让好几位买家共同竞价以待价而沽。M 古董店和 SF 古董店等也都从中积极活动。按捺不住的安宅先生从福井县的避暑地给 K 古董店打去电话，正式提出委托对方购买。K 古董店接受了这一委托，决定派遣一位专务董事和一名店员两人前往巴黎。万事齐备，但 K 古董店那边对安宅先生的动向也颇为在意，他们得知安宅先生也在向四处询问此梅瓶的消息。K 古董店方面相当强硬地表

黑釉刻花牡丹纹梅瓶
北宋－金 磁州窑系
大阪市立东洋陶瓷美术馆藏
住友集团捐赠

示他们想要了解安宅先生的诚意到底如何。于是，我被派往向对方说明情况，在去之前，我有必要再向安宅先生确认一下他的意思："F君那边的情况我会通知K古董店的。另外，M古董店和SF古董店，您都没有委托他们接洽此事吧？确定是这样的吧。"安宅先生回答说"没错"。可事后我回想起来，觉得当时安宅先生的声音比平时要小。与安宅先生交流以后，我便底气十足地去往K古董店，把事情的前后经过都解释了一番。K古董店方面也有一份详细的备忘录，其中有两处内容引起了我的注意。一处提到安宅先生说"此梅瓶无法采用K古董店一贯的方法进行交易"。另一处则记载着安宅先生在他们古董店里说："索性就拜托各位店家，哪家店最终买到梅瓶我就从那家店再买入即可。"此话一出，K店马上反对说："毫无道理。如果您要这样做的话，只会把价格抬高而已。"他们进一步说："我们多方考虑之后认为，正如传言，安宅先生给各家古董店都打了招呼，我们也只是其中一家，这样前去洽谈的话毫无斗志。现在您来得正好，既然明确表示并未委托其他古董店（除F君以外），那么作为我们而言，会尽最大的努力前往接洽。"我也郑重地拜托K店尽力而为。

事情到了最后才水落石出，安宅先生其实还暗中委托了仇焱之先生。而最终的结果是，梅瓶被仇先生买到后转手给了安宅先生。K古董店的专务董事回国后严辞质问我说："这究竟是怎么回事？"安宅先生的战法是，既迷惑了敌人也蒙蔽了自己人。他到底是技高一筹，把我也蒙在鼓里了。我手边还保存着关于此事向安宅先生提交的详细报告。当然，K古董店对此事的义愤填膺，在这份报告中并没有提及。

反弹

收藏家的内心都隐藏着一种心态，那就是将自己的藏品展现给他人，从而获得大家的认可，甚至得到别人的羡慕。但这种被羡慕的满足感，仅在对方和自己旗鼓相当，或者说是竞争对手的情况下才能获得。这在一般人看来很难理解。用一位业内人士的话来说就是"所谓收藏，最终可能就是实现嫉妒心的表现形式了"。我觉得这种微妙的分析，在某种程度上最

李秉昌博士编《韩国美术搜选》东京大学出版会 1978年

贴近收藏家的真实心理。收藏绝不是一件单纯的事情,其中交织着各种纷繁复杂的来龙去脉。尤其是像安宅先生那样心思缜密,连筷子掉了都必须亲自捡起来的完美主义收藏家,对收藏有着超乎寻常的痴迷的"疯魔",也正因为如此才得以构建起他人望尘莫及的收藏体系。

安宅收藏被保管在公司大阪总部的地下金库,由总务部长全权负责管理。有一次,从K店传来消息说,"安宅先生购藏了最为之欣喜雀跃的高丽青瓷名品鹤首瓶"。于是,我立即致电大阪的总务部长:"已经入库了是吧?""是的,入库了。但老爷子打来电话吩咐说唯独不能给您看。您打算什么时间过来看?"第二天,我将工作搁置一边,飞赴到大阪。正如所想象的,果然是安宅先生梦寐以求的极品高丽青瓷鹤首瓶。

安宅先生是一定会让我看的,但在那之前,他会先向很多人夸耀展示,其中有看过的人也会问我"您看过了吗?"我只能回答说"还没有欣赏过"。

我在接受《陶说》杂志的采访时提起这件事,引起了采访者的极大兴趣,对方说"这应该说明安宅先生很信赖您吧"。正因为信赖,所以最后让我欣赏,这种信赖还真是难以言表。当安宅先生把这件作品展示给我看时,我必须装作从未见过似的,表现出一脸的惊叹。但这恐怕早就被安宅先生的一双慧眼所识破了。

我在编辑《韩国美术搜选》[1]时,安宅先生拒绝引荐其他藏家一事,在另一篇文中已有提及(《牵制》)。这是因为他不想因此扰乱与对方的微妙关系,这也正是他深思熟虑的结果。总之,安宅先生是一个对任何事情都慎之又慎的人。但有时,也有超出人们理解范围

---

[1] 参看第46页《牵制》。

的情况。比如，我在无意中介入他已经深思熟虑许久的事情时，局面就会变得不太愉快。举个例子，对于安宅先生准备悄然买入的东西，我快人快语地率先将其推荐就会让他感到不悦。这可能是一种类似动物在自己的领地被侵犯后，做出强烈反应的本能吧。虽然我是无意为之的，但设身处地想一下，如果是自己的话也会很反感，会被认为是横插一腿、贪功邀赏或者横刀夺爱吧。因此，事无大小，我在行动前都要获得安宅先生的许可，这是原则，也是大前提。大到允许出版社刊登哪些照片，小到拜会某人时的赠品金额限定在三千日元以内的小饼干是否合适等等，只要是扯上有关艺术品的事，都要事无巨细、无一遗漏地向他进行请示，没有任何事情是由我单独来决定的。

不知是幸运还是不幸，《韩国美术搜选》是在安宅产业破产以后出版的。除了我尚不知晓的藏家需要安宅先生加以介绍以外，其余几乎所有的事都是由我一个人斟酌决定的。就算如此，涉及安宅藏品的部分仍然受到了一些限制。大约有十件作品未被刊出。尽可能多刊载一些名品，这是编撰图录的原则。虽然此时安宅先生已经与公司各不相干，不再需要直接向他请示了，但我知道藏品对于他来说像生命一样重要，所以完全遵照他的指示进行了删减。

图录刊印出来以后，我立刻送到了安宅先生位于东京芝高轮的家中。这是一部重达十二公斤的巨作，高丽篇和李朝篇一共收录了陶瓷名品八百八十八件。当他通篇阅览后，再次将目光投向我并流露出了欣慰的笑容，"现在终于成为第二名了"。安宅先生的意思是说，我对于韩国陶瓷的理解，现在终于可以排名第二了。我立刻追问："那第一名是哪位？"安宅先生依然面带微笑，伸出食指慢慢地指着自己的脸，点了点头。对于我来说，这是获授真传、承袭衣钵的一幕。

反抗

林屋晴三先生[1]时常批评我说："你啊，瞻前顾后琢磨来琢磨去的脑子用得太多了。"但是，我也有自己的说辞。毕竟，大半辈子侍奉在安宅先生身边，我的为人处事，无论好坏都已经渗透到了身心深处。面对像安宅先生那样想要表达很多东西但却寡言少语的人，只能全心投入，设法感悟到对方想说的话。一个人独自思量忖度，这是我的立身之本，也是我的

---

[1] 原东京国立博物馆副馆长、菊池宽实纪念智美术馆馆长。日本茶陶研究第一人。

生存之道。我如实回答道："我无法如先生那样自由自在地待人接物。"

作为一名经营者，安宅先生绝非积极行动型，而是沉默思考型。他并不会在公司中四处走动，而是以搜集到的信息来对公司内部的情况加以判断。安宅先生会邀请自己看好的年轻职员出席音乐会，或是在夏天请他们前往福井县高浜的所谓"高浜学校"[1]。那里不仅仅有公司职员，还有许多被邀请来的艺术家。高浜学校成了年轻人修炼身心的道场。安宅先生这样做并非是为了培植自己的亲信，而是旨在培养能够担负公司未来的青年。

但是，就其结果而言，此举客观上促生了信息网的产生，一部分公司职员将其称为"安宅家族"，并冷眼以对。我由于工作上的缘故，常常与安宅先生形影相随，因此不可否认，我在公司内部被视为是安宅先生亲信中的亲信。但实际上，我在为人处世过程中始终是与所谓的"安宅家族"划清界限的。那是因为，尽管屡屡有人向我咨询公司内部的情况，但除非是我非常熟知的内容，否则我总是会说"关于此事，我不具备答复的知识"，而拒绝回答。特别是，当有人问我觉得某某部门的某某人如何时，我对此类有关人事的问题非常敏感，因为我的回答很可能会左右人家的命运。在"安宅家族"中，有很多人会积极地对此类涉及内部信息的话题加以回应。甚至还有人会自己主动提供信息（当然，这些人现在几乎都与安宅家断绝了往来）。因而可以说，这些人才是真正意义上安宅先生的亲信，他们都是圣诞聚会或高浜学校的常客。而我，倒是有数次被安宅先生当面批评，"伊藤君不热情"。我解释回答说："我不是待人冷漠。因为我不是个善于应酬的人，对公司内部形势也比较生疏。"但是，君主总是孤独的，他总会需要一手的信息。就像是在体内奔流的血液，如果缺少信息，立刻就会出现贫血，君主也便成了孤家寡人。作为信息的提供者，我显然并不合格。

非但如此，有时候我还对安宅先生的命令加以反抗。在我身上，有一股不愿惟命是从的顽固脾气。但是，在百分之九十九以上的场合，我都是一名反应敏捷的忠实仆人，即"美之猎犬"。我的抵抗，仅限于被迫要大幅修正我人生原则的时候。在与安宅先生漫长的主从关系中，这样的情况发生过两次，而且都是关于艺术品买卖契约的手续问题。第一次，是我们与初次打交道的对方达成协议，要购买某件艺术品，并且已经确定好了付款方式和付款日期。尽管如此，安宅先生却要在最终阶段取消此次交易。由于是口头协议，强行要将其撤销，他的理由仅仅是只要尚未付款，毁约在艺术品交易中屡见不鲜。我打电话与安宅先生交涉，试图反抗他的意见并固执己见地说"我没有接受过这样的教育"，话音未落就被他挂断了电话。

---

[1] 参见第23页《高浜学校》。

我做好了精神准备接受严厉的斥责,却仅仅被冷落了一阵子而已,最终平安落地。第二次,交易对方仍然是初次打交道的,但这回是我方变卦不愿履行出售协议。作品是安宅先生私人收藏的西方名画,尽管连交割日期都已经确定,但仍然在最后阶段不予兑现。买家的中介人当场拍案而起,准备向法院起诉。最后面谈商议的时候,对方多人与我方进行交涉,当他们看到我出现在谈判现场时顿感失望,问了一句:"你就是伊藤啊?"声音一下子变得落寞沮丧。由于我是安宅收藏的负责人,似乎在对方的想象中应该是一个更加年长且沉稳的人。而实际上,当时我只是一个三十几岁的愣头小子。面对着不知所措而离席起身、举手挥拳却又停在半空的对方,我除了由衷地表示深深的歉意之外别无选择。针对此事,我也和公司的法律顾问商议过,对方对我说:"绝不能让安宅先生受到伤害。一切都是你的责任。明白了吗?"此话一直让我觉得内心深处如针扎一般痛苦。

对于安宅先生来说,他的说辞可能在古董艺术品业界屡见不鲜。但是,对于年轻的我而言,法律才是最为重要的金科玉条,这一分歧使我夜不能寐、苦不堪言。很久之后,我把当时的心境诉苦于安宅先生"那时候我非常苦恼",而他则微笑着说:"哦,还有过那样的事情吗?"巧妙地避开了这个话题。在与安宅先生漫长的主从关系中,这样的苦涩记忆也时常若隐若现。

敬而远之

所谓的审美眼光,我认为归根结底还是个人好恶的问题。毋庸置疑,有些事物不论在任何人眼中都会映照出美丽。但是,就美本身而言也是形色各异,有的诞生于头脑的冷静判断,有的则源自于心底的怦然悸动。我认为感受美应该是属于感性而非理性,这其中原本就没有辩解的余地。比如,想象一下情窦初开的那种心境,个中滋味每个人都心知肚明。这里不用请司汤达(Stendhal)大师进行宣讲,这个过程中能否形成隐喻爱情的小小的盐粒结晶才是问题的关键。[1]

---

[1] 司汤达在《爱情论》中把爱情喻为盐结晶。树枝在盐矿中掩埋数月后拿出,上面缀满钻石般闪亮的结晶,完全认不出来是粗糙的树枝——"这个人本平凡,只因我爱她镀上了一层光"。即所谓"情人眼中出西施"。——译者注

对待艺术品的态度，也是如此。举个例子，欣赏纤细华丽、极尽精巧的清代瓷器，是感叹其精美绝伦还是嫌弃其匠气十足，对此加以判断的当然是源自于每个人的审美。通俗地讲，这就是"王八瞧绿豆，是否看对眼"的问题。

关于安宅先生的喜好，就是可以通过考察他的收藏轨迹来窥知。在此过程中，在逆光的照射下，或许能够隐约看见他审美意识的深奥部分。

据我所知，安宅先生敬而远之的古瓷共有两件。

第一件是所谓"河南天目"，亦即使用在黑釉上以褐彩绘制出洒脱纹饰技法的吐噜瓶。该瓶是现藏于东京国立博物馆的名品，也是古董商广田不孤斋先生所捐赠的器物之一。如果当年安宅先生青眼相加，此瓶轻而易举就能被纳入安宅收藏。关于此事经过，我也曾撰文发表，这里不再赘述。在那篇文章中，我认为安宅先生对此瓶敬而远之的理由，可能是因为它的匠气。

青花釉里红透雕牡丹纹罐 元
景德镇窑

第二件是元代的青花釉里红透雕牡丹纹罐。该器的中间部分有四处透雕的牡丹纹饰，然后再施以釉里红。此罐是全世界仅有两三件的珍品之一，于1972年由佳士得拍卖行拍出。据称之前是在荷兰贵族宅邸中被作为插放手杖的容器加以使用。此物在拍卖前已经好评如潮，最后以惊人的价格拍出。竞得者是日本古董商不言堂的坂本五郎先生。听说该器运抵日本之后，坂本先生就与安宅先生有所接触。但在此过程中，安宅先生并未与我言及此事。后来，坂本先生直接给我打来电话说："我认为这件器物绝对是安宅收藏中不可或缺的东西。"对此，我也有自己的看法。就安宅收藏的特色而言，此罐由于其工艺繁缛，因而多少显得有些另类。但是，如果它能够有机会在安宅藏品中占据一席之地的话，那么安宅收藏的包容性就变得更加广阔。所以，此物不是根据感性来做选择，而是由理性来做出判断。若据此观点，恐怕还是应当将此器纳入收藏。我秉持这一立场向安宅先生进言："请您加以考虑。"然而，安宅先生的反应并不积极。于是我又寻找适当的时机，前后总共三次向他建议。到第三次时，安宅先生显出一副明显厌恶的表情，根据我以往的经验，如果还要强加推荐的话，必然会触及逆鳞。安宅先生持如此态度，我想恐怕也还是出于嫌弃它的匠气。换言之，就是工艺过于繁缛。

此事过去将近三十年的岁月，由于要为东洋陶瓷美术馆的《安宅英一之眼》特别展览的图录执笔，我又翻出了一些陈年老资料。其中有一份在购入一件磁州窑梅瓶时[1]，我提交给安宅先生的详细报告。我仔细阅读报告，结果发现其中有一段我已完全遗忘的与K古董店的谈话，它记录了一件我早已遗忘的往事。当安宅先生知道佳士得公司将要拍卖这件元青花釉红罐时，便将负责财务的高管派往K店，就拍卖价格的最高限度、付款方式、运送方法、给付K店的手续费以及其他事项进行了详细的接洽。由此可知，安宅先生曾经向K店明确地表示了想要购入的意思。应当如何解释这一事实呢？既然这不是一个简单的好恶问题的话，那便只能认为其中还掺杂有其他因素。我仔细揣度之后认为，是否作为下属的我喋喋不休而使他心生厌烦呢？真相已经无法窥知，我想这还是安宅先生心中"疯魔"的那一部分在起作用吧。

生活空间

我经常被人问起，安宅先生的日常生活是什么样，"会不会是房间壁龛中悬挂着御舟的画作，下面摆放着宋代的花瓶，过着典雅精致的生活？"其实，我并没有拜访过安宅先生在神户的宅邸。因此，有关安宅先生日常生活的状况，我看见的仅限于他在东京的临时居所"おかね"。那里虽然名义上是公司的房舍，但使用者只有安宅先生自己。因此，他把一间宽敞的房间作为客厅，也用作卧室。除此以外，在其中的一间屋里摆放着一架钢琴，安宅先生在那里或是自己弹琴，或是与钢琴家相互切磋。

每当有客人来访时，总在另一间屋子内会客。那是一个大约六张或八张榻榻米大小的房间，并非那么宽敞。房间的壁龛处总是挂着原本就有的类似于木板水印的廉价画作，而用来插花的容器也是平常司空见惯的花器。换句话说，简直就同小市民的日常生活空间一模一样。最初，我对此感到非常诧异，因为就连像我这样过着普通工薪阶层生活的人，对于日常空间、特别是客厅中的装饰品，都会想要装饰些漂亮一点的东西，有时会根据到访的客人，竭尽全力思考斟酌，调整陈设的种类以及摆放的位置。然而，安宅先生在那样一种"煞风景"的地方会客，却没有丝毫的抵触或排斥。可能这是因为他彻头彻尾地认为这里只是临时的居所吧。但是，当他给别人展示藏品时，却是异常地煞费心机。不仅如此，安宅先生的卧室与客厅相

---

[1] 参见第53页《追求》。

比几乎没有差异，一件像样的东西都没有。

如此说来，安宅先生每年度过一个半月时间的福井县高浜的别墅也是同样。当我第一次去的时候，所见到的与想象的落差太大，颇为意外。别墅直接面对一条不太宽阔的老旧街道，而且就只是一幢平淡无奇的普通民居。从道路上一下子就能进入到房屋门内的"土间"[1]，"土间"一侧有一个铺设有地板的小房间。房间里有一架钢琴，感觉那里就是安宅先生白天起居活动的地方。"土间"与厨房相连，随便坐下就可以吃口饭。总之，这里与想象中的别墅相去甚远，其实就是把渔民家的房子原模原样地进行了改造。与之相反，附近有茶道千家掌门

安宅先生在福井县高浜海岸边散步 1979 年左右

人的别墅，外观果然气势撼人、不同凡响。两相对比，正应了日语俗话所说的"天上的月亮和地上的鳖"，落差太大了。这也许就是所谓的安宅美学吧。我虽然半信半疑，却也只能将之接受。

如往常一样，我来揣测一下安宅先生的生活空间。他这种在日常生活中不陈设艺术品的生活方式，当然有他自己的道理。他不愿将艺术鉴赏这一行为世俗化并习以为常。后者应该称之为目光向下的俯角视线的美学。建构起这种理想美学境地的是青山二郎与白洲正子等人。与此相反，安宅先生采取的是一种水平、甚至是仰角视线的态度。那是一个与日常世界完全隔绝的纯粹鉴赏的世界。如果能够与作品直接交流，那么日常的座右案头是否被作品所占据都没有关系，是一种圆通无碍的自由状态。我的这种揣测也许仍然十分浅薄，安宅先生对此付之一笑的反应仿佛已经浮现在眼前。行文至此，顺便一提，安宅先生的笑声也可分为几类。有多少带有嘲讽意味的"嗤嗤"、会心微笑的"呵呵"、掩饰难为情而爽朗大笑的"哈哈"等各种各样的笑声。每当听到他"哈哈"的大笑时，总会令人感到安宅先生还是一位刚毅果敢、具有明治风骨的老派日本人。

---

[1] 日式房屋室外和室内的过渡地带，是房屋内露出地面的区域。——译者注

行为举止

安宅先生年轻时大约有七年时光[1]是在伦敦度过的。根据年谱记载，他于昭和2年（1927）赴任安宅产业的伦敦分公司，当年二十六岁。因为受胞妹长谷川登美子女士（长谷川周重、原住友化学社长的夫人）练习钢琴的影响，他大约在十六岁左右前往东京开始学习弹琴。驻留伦敦期间，安宅先生跟随当时著名指挥家托马斯·比彻姆爵士（Sir Thomas Beecham）的夫人学习钢琴，有时他也会越洋前往意大利接受知名钢琴家阿图尔·施纳贝尔（Artur Schnabel）的指导。青年时代长期的伦敦生活对安宅先生产生了深远的影响。这种影响不仅限于他的行为举止和衣着装束，恐怕也还包括感受性、处世之道乃至于人生观等方面。大体而言，就是在稳重严谨的英国绅士风度中，还潜隐着练达与洒脱。这也可以说是人们对安宅先生的第一印象。

英国人喜欢幽默。安宅先生虽然寡言少语、不善言谈，却喜好谐谑逗趣，甚至可以说乐于滑稽搞笑。我朋友制作了一尊木质的裸女雕像，安宅先生特意让人做了一条红色的短裙给她穿上；他在海滨浴场看到年轻职员在岩间午睡，于是就偷偷地把无花果的叶子放在他们的泳裤上；古董商正在聚精会神地端详柜中的陶瓷，安宅先生突然从他脑后用明信片去遮挡其视线等等，这类恶作剧实在是不胜枚举。每当化装舞会的时候，因为不是素颜出场，他的滑稽表演就会达到顶峰。那时的安宅先生简直就是老小孩本尊，一边做怪样一边哈哈大笑。

腼腆内向、沉默寡言、滑稽搞笑，这之间落差巨大，把它们联系在一起是不容易的。安宅先生绝非一个精明机巧的人。虽然会搞恶作剧，或突发奇想、层出不穷，但他的行为举止也不会随之亦步亦趋。我突然联想到毕加索晚年的照片中有一张是他身体半裸、瞠目凝视，一副淘气鬼的样子，他俩之间似乎一脉相承。

安宅先生在饶有兴致地演奏钢琴 河口湖的原安宅产业疗养所 1957年左右

---

[1] 参看第17页《英国绅士》。

有一个难忘的场景总让我想起安宅先生的英国气质。由于安宅先生的作息规律晨昏颠倒，所以他的起床时间大致都是在每天的傍晚时分。我经常被安宅先生召至寓所"おかね"，有一次大概是在下午四点左右，应该是有什么急事，但具体情况我已记不得了。当时安宅先生刚起床不久，他身着简易的日式浴衣来到会客厅。我们正在关于某事进行紧急的磋商，说着话他忽然把手放到脸颊上，继而显露出吃惊的表情。说时迟那时快，他马上拿起呼唤铃，呼叫贴身秘书一井先生。这时，一井先生从长走廊那头哒哒哒地快步跑来。安宅先生一见到他，便以一副严肃认真的面孔说："一井秘书！我的脸，为什么还没剃！"我一时间顿感惊愕。安宅先生还在来回抚摸着自己的下颌与脸颊。而此时的一井秘书则是正襟危坐、惶惑不安。我实在忍不住笑出声来，说道："这可是您自己的脸啊。"听到我这样说，安宅先生的脸上终于露出了不好意思的表情。

有一次，我向英国的一位正统的资深大管家发问，你们是否连主人刮胡子的事都要负责掌管？对方也有些不知所措，回答说："那恐怕因人而异吧。"

采访

2006年的某一天，我接受了英国一家老牌拍卖公司副董事长的采访。他长久以来一直在采访世界顶级收藏家，所以急于要了解一下安宅先生。

对方提出了各种各样的问题。例如"安宅先生自己也无愧于一位艺术家，他有何独到之处？""以企业行为来从事收藏活动，此事的契机何在？""听说安宅先生买东西一掷千金，请问是这样吗？""他收藏的第一件器物是什么？""安宅先生擅长与古董商打交道吗？""他欣赏器物时的神情是怎样的？""安宅先生的收藏主要是从何处购买的？""他是否擅长企业运营？""安宅先生去过中国和韩国各多少次？"等等。当我回答说安宅先生一次也没去过中国和韩国时，对方表现出了极大的兴趣，"这实在是非常有趣"。对我而言，难以回答的问题是，"请您用一句话描绘一下，安宅先生是怎样的一个人"。我最不擅长的就是回答这种"请用一句话来概括"的问题，因为在我的头脑中有太多的内容如同旋涡一般涌现出来。"怎么可能如此草率地用一句话来表述？"我虽在心里抱怨，不过，最后我还是做了如下的答复，"安宅先生腼腆、有风度、爱开玩笑，虽然寡言少语，有时却又喋喋不休，他既稳重谨慎，也果断进取，有着非同寻常的气场"。这回轮到采访者晕头转向了。于是，他非常执着地一项一项刨根问底。

那位副董事长回国以后把采访的初稿寄了过来。对于安宅先生，他得出的结论是"怪异"（odd）。这个词比起英语中的"奇怪"（strange），更加强调离奇、古怪，它是带有"反常、异常、荒诞"等意味的一个词语。如此一来，这不就等于是在说安宅先生"疯狂"吗？的确，如果将安宅先生言行中的极小一部分拿出来，并且仅仅聚焦一处的话，招致别人有此误解可能也是无可奈何的吧。但是仅仅一小时的采访，并且还是通过翻译来进行的交流，结果最终捕捉到一个词"怪异"（odd）来加以总结，这实在出乎我的意料。我要求采访者修改这一部分，三番五次通过电子邮件与之沟通。然而，对方的见解感受似乎很难拂去，表现出强势的抵抗。

另有一处，在对方笔下，我被描述成了安宅先生的"同事"（colleague），这也是我要求对方要进行修改的一项。以我非常有限的英语水平来看，"colleague"这个词只能表达同僚或同伴的含义。我反复多次跟对方表示，安宅先生并非是我的"同事"，而是我的雇主，但文章始终没有得到订正。我想对方可能是一个非常繁忙的人，因为他好像连我发给他的电子邮件都没有仔细阅读。

终于，在文章的定稿中"怪异"和"同事"都被删除了，安宅先生被描绘成为"老派却兴致盎然的人物"，我对此也表示了同意。

以上记述的只是诸多事例中的一个。这反映出安宅先生的个性是多么难以把握，其跳跃幅度又是多么巨大。打个比方来说，人耳的听觉能力能够捕捉到的声音频率是20-20000赫兹，那么对于频率为50000-100000赫兹的声音，就会有一部分无法听到。以为他会向右其实还是向左，自己就像被历史人物源义经的举动所戏弄的武将弁庆一样[1]，对于他的意图我根本无法理解的情况多到数也数不过来。在我年轻时，曾有一位与安宅先生有过两三次接触的人当着我的面评价他说："安宅先生在有些方面就好像深海鱼一样。"我立即气愤地反驳他说："如果您要说是深海鱼，就请说是高贵的深海鱼。"若是现在，我恐怕就会老练、轻巧地避其锋芒，"或许就像您说的那样吧。呵呵！"

---

[1] 相传武艺高强的源义经战胜了力大无比的武士弁庆，从此他俩形影不离，成就了一代君臣的忠义故事。——译者注

圆城寺次郎先生

在圆城寺次郎先生[1]面前我是小字辈，与其说敬畏，我却更多地怀有亲切之感。我想，持此同样感慨的大有人在吧。

我第一次见圆城寺先生是在昭和42年（1967），当时恰逢安宅先生的收藏在第六届《美之美展》中特别参展，在布展现场的嘈杂环境中我们有幸相见。正因为此，我当时没有紧张之感，对话得以在自然随意的气氛中进行。年轻人难免会有些自负，但圆城寺先生会放下身段与我平等交流，他这种包容力滋润了一大批人。在陶瓷、雕刻、绘画、青铜等艺术品的各个领域，他专业的知识及不凡的眼光令我们这些人刮目相看。

日本重要文化财·青花枇杷鸟纹盘
明永乐 景德镇窑
大阪市立东洋陶瓷美术馆藏
住友集团捐赠

圆城寺先生擅长在不为人知的时候给予他人援助，安宅收藏的发展壮大他功不可没。频频举办的安宅收藏展屡获成功的往事在今天仍被传为美谈，但是当年的安宅先生在公司内部的局面却很微妙，圆城寺先生在背后的支持显然也发挥了不小作用。同时，安宅先生在努力建立收藏的过程中，也或多或少意识到圆城寺先生的存在。有一次，在三越百货举行的安宅收藏展中有一件明代初期的青花大盘（65页上图）计划展出，出人意料的

青花枇杷鸟纹盘 明永乐 景德镇窑
大阪市立东洋陶瓷美术馆藏
住友集团捐赠
两件盘子纹饰相近，差异在于鸟右下方的叶子是两枚还是三枚

是，开展之前在熊本的百货店内发生了火灾，由此重要文化财级别的艺术品就不允许在百货公司展览了。在此关头，安宅先生了解到一位美国将军手上有非常相似的一件青花大盘（65页下图），他立即通过古董商，赶在展览开始前购买了下来并运回日本。经过这样一番当机立断的操作，原本无法出现在展会上的重要文化财在百货店的展场里堂堂亮相，观众无不惊叹不已。看到此情景，在会场的安宅先生和圆城寺先生相互对视、颔首示意。

---

[1] 圆城寺次郎，日本经济新闻社社长、董事长。对古代艺术造诣颇深。

谈笑中的圆城寺次郎先生（右）与安宅先生 1975 年

圆城寺先生同时拥有诙谐和腼腆的双重性格。说起腼腆，有一次他赠予我《敦煌之美百选》一书，该书价格昂贵，我厚着脸皮请他签名留念。当时他不好意思地说："我还真没有给人在书上签过名。"他的赠言与签名的笔迹雄浑有力，让人联想起张即之[1]的书法。"您这可不仅仅是一只威猛的雄鹰那么简单啊"，[2]我不禁感叹道。而他却幽默地说："威猛不敢说，爪子倒是还能伸出来一点的。"在与圆城寺先生近三十多年的交往过程中，对于别人也许都是不经意间的小事，但对于我本人来讲，却时时刻刻可以感受到他所带给我的种种教诲和恩惠。

最后，我想谈谈圆城寺先生令我感到敬畏的一面。这是安宅收藏在住友集团的大力支持下捐赠给大阪市，收藏得以永久安放在大阪市立东洋陶瓷美术馆之后的事情了。当捐赠事宜全部尘埃落定，安宅先生为了感谢这位从最初阶段一直支持他的好友，委托我去送一件珍藏多年的李朝小品以作纪念。但是，当我把这件凝聚着安宅先生的友谊和感谢之情的作品拿出后，他看着未打开的盒子却说："那些都是我本职工作的一部分，我对安宅先生深情厚谊感激之至，但是这件作品我不能接受。不用说，安宅先生的珍藏一定魅力四射，看到东西后我也许就把持不住自己的私欲了呢，所以请允许我原封不动地在此奉还。"无论我如何劝说，他依然不肯接受。我也曾几次见识过圆城寺先生的人生哲学，这次，我与其说是对没有完成任务的自责，更多的是对他的大义凛然及洒脱性情备感敬重和共鸣。当天，我意气昂扬地把东西带回还给了安宅先生，并未有丝毫的失落之感。

（《追忆圆城寺次郎》，日本经济新闻社，平成 7 年，1988 年）

---

[1] 中国南宋时期书法家。他在学习了米芾和褚遂良的书法后自成一家，其书法特色是笔力遒劲。
[2] 日语有"威猛雄鹰不露爪"的成语，意为"真人不露相"，形容为人做事谦虚低调。——译者注

《春之钟》

　　第一次见到立原正秋先生[1]是昭和51年（1976）10月初的时候。日本经济新闻社的圆城寺次郎先生向安宅先生提出了申请，希望把安宅收藏的韩国陶瓷给立原先生看看，而他自己也会陪同前往，于是我在大阪迎接两位的到来。当时，安宅产业的大阪总部三楼有一个很小的展示室，平时一直是关闭着的，有客人来的时候，当天把东西从地下的收藏室中取出，拿到三楼陈列出来。安宅先生在这种场合几乎不露面。但是，给人家看什么、怎么看，他会事先花费好几天时间来构思研究。他会用像扑克牌算卦一样的手法把手中的藏品照片前前后后地排列顺序。因为要考虑到客人的喜好，安宅先生以此决定作品陈列的顺序。在安宅先生的心中，展陈行为本身就具有创造性，好似一种行为艺术。而且他本人从不在场，这也成了惯例。

　　对立原先生来说，那一天是他与安宅收藏的韩国陶瓷第一次结缘。

　　"我从眼花缭乱的高丽李朝陶瓷挪开了倾注的目光，看着天花板。夸张地说：'奇迹般的光景展现于我的眼前。'"

　　大约一个月后发表的文章（《端正美丽的世界——安宅收藏的朝鲜陶瓷展》），充分表现出立原先生当天激动无比的心情。他们大概是早上十点多来的，吃了午饭之后一直到下午很晚，都是在那个小展示室里度过的。大家几乎都没有发出声响，弯腰仔细端详着这二十几件瓷器，那种身姿让人感到的是不折不扣的全情投入。下午的某个时候，立原先生突然回头看了看我，神情柔和地问道："可以摸一下吗？"

　　因为安宅先生不喜欢别人触摸作品，所以展柜上着锁，并以此为理由加以拒绝。但是，此时此刻我觉得若是立原先生的话，禁令便可以打破，即使安宅先生当时在场，一定也会同意的。

　　"我把东西拿出来请您尽情欣赏"，我毫不犹豫地回答道。立原先生希望上手观摩的是李朝时期青花开光草花纹棱罐（图版39）。乳白釉罐身上的开光内绘秋草纹饰。此罐必须拿在手里才能感觉到健康顽强的李朝陶瓷的生命气息。立原先生抱着罐子，就直接坐在了地上。虽说铺着地毯，但也是不用换鞋就可以自由出入的地方。立原先生对此完全不在乎，他闭上眼睛，紧紧地把罐子抱在盘坐着的两腿之间，用手不停地触摸着器物。立原先生在那里尽情陶醉，时间长得令人难以相信。

---

[1] 立原正秋（金胤奎，1926—1980），朝鲜半岛出生的日本小说家、散文家、诗人。——译者注

原大阪安宅产业本社三层的美术品展览室

左起：安宅先生、林屋晴三先生、圆城寺次郎先生、立原正秋先生、山川みどり女士（原艺术新潮社总编辑）

　　立原先生对韩国陶瓷的感情投入，不仅仅在此时，我作为一名旁观者多次为之所动。安宅产业破产后，圆城寺先生和林屋晴三先生时不时会在筑地的吉兆料理店请安宅先生吃饭以示安慰。后来，大家决定一边欣赏陶瓷一边聊天，由我负责准备作品。给大家的要求是，东西来源不问出处，欣赏之后不夺人所爱。愉快的聚餐每次都有立原先生参加。有一次，在看了几件高丽青瓷之后，又传看三件李朝初期染付的小水滴。那是某位收藏家的藏品，我第一次看到时，也觉得是令人叹为观止的珍品。立原先生显然也有些坐不住了，说了句"没想到竟然有这样的东西"，然后便一时语塞。他好像拿着宝石一样把水滴小心翼翼地置于掌中，旋即又放回到桌子上，渐渐地脸上的表情变得凝固起来了。我们跟他说话也没有反应，只是凝视着桌上的器物。圆城寺先生、林屋先生、安宅先生这时也寂静无语。"真是令人不悦"，在紧张气氛稍微持续了一会儿后，好不容易嘟囔出这句话的立原先生，此时把作为爱陶家的复杂心境表露无遗。

　　立原先生的文章、演讲、书法、饮食喜好等，无不标新立异，虽说不拘一格，却也是一种风格的体现。进一步地说，立原先生的美学在于，他在恣意展现做派的同时，让人浑然不觉地将之视为一种独特的格调。

　　众所周知，《春之钟》这部作品是以安宅收藏为原型创作出来的[1]。晚年的立原先生在安宅藏品及安宅英一先生身上，眼光透彻地观察到很多内容。立原先生去世前的那年冬天，

---

[1]　《春之钟》出版后，立原先生邀请出场的人物原型到滋贺县长浜的鸭料理店赴宴。他早早抵达餐厅，在厨房里下达各种命令，亲力亲为。

在从筑地回来的阴雨昏暗的汽车里,他向我表露心迹,"我还剩下三项工作。其中之一就是撰写安宅先生"。那个时候,立原先生本人已经预感到了他自己严峻的身体状况。

(《立原正秋全集》第二十四卷、月报二十四,角川书店,1974 年)

收藏家的境界

住友集团旗下的二十一家公司(特别是住友银行)联合在一起对大阪市进行了巨额捐款,大阪市立东洋陶瓷美术馆得以于昭和 57 年(1982)建成开馆,由此,安宅英一先生的收藏得以安家落户并妥善保管。美术馆开馆后,安宅先生曾先后两次到访参观。对于住友集团如此大手笔的支持和帮助,安宅先生虽然不曾特别声明致谢,但却也能从他的言谈话语中处处感受到发自内心深处的感激之情。当时安宅先生腿脚已不自如,更无法外出旅行。他或许希望能再多来几次?或许,对他而言两次就已经足够了?总之,我们无法以常人之见来推测安宅先生的真实想法。

到馆之后稍作休息,我便用轮椅缓缓地推着他前行并参观。好面子的他当时对于乘坐轮椅似乎已经没有什么太大的抵触了。馆内的轮椅比一般的高出十厘米左右,为了乘坐者可以更容易欣赏到展柜中的藏品。一直以来,安宅先生在观展的时候总是非常专注,那时亦然。看到感兴趣的作品,他会如凿钉入墙一般一动不动地仔细欣赏一番。用轮椅推着他参观的时候,我必须一边观察他的视线所至,一边调整行进的方向和速度,在该停留的地方停留,其他地方则顺其自然。韩国陶瓷的展区我们相对顺利地行进,然而一到了中国陶瓷的展区,步调就不是那么顺畅了。安宅先生的状态完全变了样子。来到唐三彩的展柜,"这里如果放着岩崎先生收藏的狮子就好了",到了定窑白瓷的展柜,"梅泽先生收藏的大碗若能摆在这里该有多好"。如此这般,安宅先生仿佛连没有陈列出来的作品也一起映入眼帘加以欣赏。我问了他一个长久以来难以启齿的问题:"有好多人问我,他们说您现在的心情应该颇为失落吧,多年千辛万苦收集而来的珍藏,到最后全都拱手让给别人。"一直在专注欣赏作品的安宅先生这时回过头来看了我一眼,不可思议地问:"为什么这么说?""为什么?很多人都这么认为啊。"我脱口而出。这时他又把头转向前方,理所当然般自言自语道:"所谓收藏,在谁手里还不都是一样?"

日本重要美术品·三彩狮子 唐
静嘉堂文库美术馆藏

当时的我实在无法理解安宅先生的话中深意。多年来我一直认为他对收藏无比执着，而如今，那份炽热跑到哪里去了？说起来有点夸张，他的话对我来说简直就如晴天霹雳一般。试问，世界著名的收藏家，谁还能说出"所谓收藏，在谁手里还不都是一样"这样的话？我仔细琢磨才慢慢体会到，这大概就是真正意义上的收藏家的终极境界吧。我认为凭这不经意间的一句话，就足以证明安宅先生无愧为一位杰出的收藏家。

江户时期的著名诗人良宽，晚年有题为《草庵雪夜》的绝唱。起首部分的"回首七十有余年，人间是非饱看破"，这刚好用来形容安宅先生当时的心境，他的一双慧眼恐怕已看清了大千世界的根本样相。通俗地说，安宅先生看待收藏的终极态度源自与世无争的宗教之心。我后来拜读了安宅先生的随笔小文《合掌》，也得到了相同的感悟。同时，"合掌"这个词也是我在所谓"安宅语录"中最为青睐的语汇。

合掌

很少有人像安宅先生那样去克制自己通过口头或是文章来表达自我。与之相对，他一件接一件地收藏器物，然后希望他人通过这些器物来感受自己。安宅先生是一位亲身践行"托物言志"的人。不过，能够让我们得以管窥安宅先生内心深处的一篇文章，竟然奇迹般地留存下来了。这篇题名为《合掌》的短文是能够确认的安宅先生公开发表的寥寥数篇文章中的一篇。这篇文章是为某份报刊的《周日随感》专栏所写，报刊的名称和发表的日期皆不得而知，但文末署有"安宅产业株式会社长"的头衔。由此可知，这篇文章写于安宅先生担任该职务的昭和30年至昭和40年（1955—1965）期间，当时他在五十四岁到六十四岁之间，正处于人生的成熟期。

《合掌》是一篇字数刚刚过千的短小随笔，字里行间折射出安宅先生典型的完美主义风格，并且能够看出字斟句酌、反复推敲的痕迹。这是那种倾尽全力的文章，其语言充满张力。遣词造句的每一个细微之处，都能够绵密细致地追寻到安宅先生思考的印记。

文章首先以如下的语句开始：

"我尝试用稚拙的头脑来思考'合掌'。让我们想象一下这里有一位无赖汉，他有怎样的容貌、怎样的姿态才最能触动我们的心灵？我想，就应当是合掌的姿势吧。"

"稚拙的头脑"来思考、"有一位无赖汉"，开篇就使用这样的词句，明确表示出文章的立场并非居高临下地进行说教，而是躬身匍匐的谦逊发言。文章继而断言："我认为合掌是最能表现人性的姿态。"接着，安宅先生从起立敬礼、比赛胜负和入场仪式三个流程对著名的相扑选手横纲双叶山在相扑台上的举手投足加以着墨。从"他的起立敬礼，仅是略施一礼（鞠躬致敬）"可以看出其崇高之美。需要强调的是，这绝非仅仅是安宅先生个人判断，而是行家里手们的一致评价。正是在那肃敬鞠躬的动作当中，"有我所谓的合掌尽在其中。"

因为安宅先生的这番话，我才解开了长久以来的一个疑问。我一直觉得不可思议，为什么安宅先生的鞠躬行礼那么温文儒雅，为什么他的形容举止如此情真意切，曾经以为这或许是长期英国生活的遗风，现在我才知晓是源自双叶山的起立行礼。

安宅先生继续写道：

"我以为，正是合掌将一个人的卓然之美表现得淋漓尽致。艺术家及各位硕学之士每每将其展示予我。"

这种观点在于，他并非将合掌的意涵限定于宗教层面，而是把它视为一种更加宽泛的人类本能行为。进一步而言，合掌、坐禅、行礼，等等这些形式都只为肉体与精神更加融和一体，"通过适度松弛与相对紧张的相互补充，便可达到绝对安定的境地。"

我对此说颇感兴趣。这与安宅先生作为钢琴家刻苦钻研音律是有关联的。有一位钢琴家这样描述他对安宅先生弹钢琴的印象："弹奏出的声音都有一个内核，时而遒劲、时而轻柔，他一直努力通过巧妙地控制关节、手腕、手臂等，来弹奏出缤纷多彩的音符。"还有一位雕刻家说："有一次，我和安宅先生在富士山麓青木原的林海中漫步，他指着许多掉落脚下的细小枯枝中的一根对我说：'请把那根树枝捡起来。''不是那个样子，从上面轻轻地捏起来。'"那时，安宅先生正在思考小提琴的演奏问题，他之所以对雕刻家这样说，是因为他认为："这样手持琴弓最好。"雕刻家继续说："安宅先生认为从拿着枯枝的手指关节到手腕关节，再到肘部和肩部，这些都被一根神经连接时，声音也就诞生了。这个观点可以原原本本地置换到艺术的世界里。"

安宅先生继续谈论《合掌》：

"那里不仅有促使自己发挥现在所掌握的能力的源泉，有时候，甚至可以发挥自己都尚不知晓的能量。"

于是，文章逐渐进入结论。

"合掌的境界必须始于形式，但是，不能始终拘泥于形式。内心深处的双手合十，才是其奥妙之处。经验的积累与信仰的虔诚引导我们合掌并通往法悦的境界。"[1]

在重要的结论部分，安宅先生的论述显得有些虎头蛇尾。

"我们自降生之时便被赋予了肉体与心灵。肉体不能没有食物，为了更好地生存，就必须要追求经济。如此一来，难道不是很容易疏忽心灵的追求吗？"

在文章结尾处，安宅先生写道："是不是我自己稚嫩的步伐太过倾向于精神世界呢？"他用"稚嫩的步伐"一词，终于起到首尾呼应的效果。然而，坦率地说，这篇短文的结论太过薄弱，还有继续深挖的余地。这也是不常写文章人的弱点。但是，安宅先生想要表达的内容已经充分在字里行间中传递出来了。正所谓文如其人，文章好似作者的一面镜子。已是年逾五旬的安宅先生以祈祷般的心境来面对一切，这种真挚的姿态也直接反映在他的收藏里，所有见过安宅收藏的人都可从中感受到庄严的气氛。

安宅先生在胞妹长谷川登美子女士的一再劝化下最终接受了洗礼。平成6年（1994）5月12日，他以天主教徒的身份在东京麹町的圣依纳爵教堂（St.Ignatius Church）被庄重安葬。同时，在镰仓临济宗东庆寺境内清静的墓园中，也树立了一块朴素的墓碑。一个人拥有两处长眠之地，这也正像是他的做事风格。

我闭上双眼，以下的这一幕浮现在脑海之中。安宅先生回顾自己的生涯时，最后流露出的是那标志性的腼腆含羞的"呵呵"一笑。

---

[1] 谓从信仰中得到的欢悦。——译者注

Ⅱ "美的求道者——安宅英一之眼"展

大阪市立东洋陶瓷美术馆为了纪念开馆二十五周年，于平成19年（2007）举办了特别展"美的求道者——安宅英一之眼"。当年也正是安宅先生驾鹤西归后第十三年。该展聚焦于通过他犀利的审美眼光而甄选的古陶瓷名品，也成为世人重新认识安宅收藏的契机。以下文章摘录于该展图录（部分有所增删）。

以三顾之礼购藏名品

安宅先生虽然对藏品没有发表过太多的评论，他应该是期望并致力于尽量让器物本身表达自己。

安宅先生基本上没有留下什么文字。这样一来，诸如这种以回顾并确认安宅先生足迹的展览会就有了非常深刻的意义。我们研究前人历程的时候，往往会通过其留下的著作来先了解他的思想和情感，进而归纳出他的人生轨迹。然而对于安宅先生，可以参考的东西实在太少了。这种情形下，我们只能通过他收藏的作品来推断并了解其心路历程。

我希望可以从第三者的角度来分析安宅先生的言行并追溯安宅先生的收藏。但是单纯把这些片段穿插起来也仅能窥其周隅，并不能了解到安宅先生的内心世界。但是即使前路艰辛，也只能知难而进。

安宅先生的名言语录中，以下部分是尤其值得一提的。

"对于名品，要以三顾茅庐之礼来迎接。"

"我并非对人鞠躬，而是对其后面的物而鞠躬。对物鞠躬，无论多少次都不为过。"

"无论是人还是物，到头来还是看品格。品格才是最为重要的。"

"被问起为何收藏，没有什么特殊的理由，仅仅因为'高山仰止'吧。"

"所谓收藏，在谁手里还不都是一样？"

此类名言虽然如同针孔窥天，仅仅可知安宅先生对于陶瓷有着精神上的高度寄托，而他的言语中所蕴含的深意，可以让我们感悟到他对于自身历练的追求。若不如此考虑，他对于收藏之恳切虔诚的态度是远远超出常人之理解范围的。正因如此，投身收藏的安宅先生自然地带有求道者的精神。

通览安宅收藏，表面上是不被鉴赏陶瓷、茶道具、民艺等诸多领域所制约的，亦不被惯例及传统所约束，我们只是能感受到他在心无旁骛地搜求名品。但其实在他心中还是有一条线的，这让人有一种无形的紧张之感。至于那一线具体是什么，大概就是安宅先生所说的"品格"——心中的琴弦吧。其收藏的每一件作品，就如同通奏低音[1]一般静静地被演奏出来，连成一曲协奏乐章。对于安宅先生来讲，作品是与人格息息相关的，是探索人生真谛并追寻价值的契机。通过作品可以反映出一个人。通过收藏可以映照出藏家的心性，甚至是隐于私密深处的所有。这把双刃剑，安宅先生早已了然于胸。

这里再次引用安宅先生的名言："回归作品，作品就是一切。"

以物言志——安宅英一的美学

一、器物、语言

本文无关学术。安宅收藏本身就不是以正统的学术为基础而建立起来的，而仅凭安宅英一先生的感性为根基，在某种意义上说具有相当的偏颇，但这也正是基于他不凡的品位而自由取舍才能构筑起来的。本文也将效仿安宅英一先生那非学术性的、自由发挥的形式而娓娓道来。

安宅先生应该是不太相信语言描述的，然而，他对于语言的感悟能力却异常敏锐，就如同他对器物的感悟能力。这点从他那些如奇迹般流传下来的短文中也能看出端倪。"第六代菊五郎先生[2]在镜子前化妆时，我感觉他头上就好像竖起无限多的天线一般；双叶山先生[3]和颜悦色，但我感觉其心中就好像装着一面能清楚映照所有细微阴影的镜子"[4]。虽然极少说些什么，但一开口，安宅先生总是掷地有声。

这世上恐怕没有任何一种语言可以将古陶瓷之美，尤其是其精华完美地加以表达，无论是科学性的、印象批判性的，亦或流行的符号学的文字皆然。我们经常可以看到文学家和美术评论家对古陶瓷评头论足，但都是以堆砌文字为目的。论述只涉及作品表层，比如描述作品形状及纹饰等，无法及其本质。这种论述器物只能算是写文章的素材，与作者并无实质的关联。为什么呢？因为只要看一眼他们手上的藏品，基本上就一目了然。因为其语言论述和

---

[1] 巴洛克音乐的重要特点之一，是一种固定的低音与流动的上方声部用谨慎的和声相结合的形式。——译者注
[2] 第六代尾上菊五郎（1885—1949），本名寺岛幸三，日本歌舞伎演员。——译者注
[3] 双叶山定次（1912—1968），日本相扑选手，第三十五代横纲。——译者注
[4] 《夏日回忆——科莫湖畔的施纳贝尔》，《音乐生活》，教育出版，昭和26年12月，1951年。

在瑞士的酒店停留期间,安宅先生埋头于利用图录探索名品 1973 年

实际收藏并不契合。这种情况,语言仅仅只是装饰而已,完全无法让人心中产生共鸣。那么难道就真的没有不以修饰为目的的表述了吗?我想也许这种语言应该是极简的词汇,没有比单纯简洁地直抒胸臆更加可以让人印象深刻的了。比如:品位、尖锐、肮脏、唠叨、严厉、轻便、真诚、没主见等。其实保持沉默也是一种语言。

就好像志贺直哉先生的作品里,甚至把头埋入女性丰满双胸的主人公高喊:"丰年!丰年!"比喻手法有时也非常有效。立原正秋先生曾把高丽青瓷刻花牡丹莲花纹鹤首瓶(图版21)拟人成气质上佳的三十几岁的美女,实在是妙喻。比起世上那太多的凡夫俗评,安宅先生那言简意赅的寥寥数语更加令人信服。他把粉青白地镶嵌条线纹祭器(图版26)称作"弁庆",将黑釉扁壶(图版33)唤作"拳头",安宅先生真正从正面审视器物本身,进入器物的内部来鉴赏品评。

"让器物说话"是安宅先生对于陶瓷器的态度、理解和敬意。每当看到在古董商的待客间里长时间一动不动地凝视着陶瓷的安宅先生,让人感觉他仿佛是要把器物中的精气都吸收殆尽,然后为己所用,再将其反馈给器物一般,两者之间重复着这种无声的交流。对于器物很少发表论述的安宅先生,大概是知道自己在器物面前必会失声。而每当他遇到自己无法用语言赞誉的器物时,他立刻渴望与其结缘。

二、器物、人

安宅先生收集信息的途径有两种。一是看书,也就是各类的美术全集、陶瓷全集、展览会图录、藏品图录、写真集等,并且反复、多次地翻阅。从里面一定会发现令他中意的作品。

如果作品已经被美术馆、博物馆所收藏，那就只好作罢。若是私人的藏品，他会查询藏家的姓名，然后通过认识的人、朋友、客户、古董店等所有途径去搜集信息。另一种收集情报的途径就是通过古董商。他每周至少会去古董店两三次。像安宅先生这样的大藏家，恐怕再没有比他对古董商的态度更谦卑的了。对于古董店家，从寒暄、交谈到欣赏器物，一直到起身离去，始终极为郑重其事。因为他比任何人都清楚，如果想要买到精品，借助古董商之力是最具成效的捷径。我曾经问过他："我们是买东西的，为什么您需要如此毕恭毕敬呢？"安宅先生的回答是："我并没有对任何人鞠躬敬礼。我针对的是他后面的器物。对作品鞠躬，无论多少次都不为过。"恐怕安宅先生心里对于作品的敬重要远远高于表现出来的程度。不仅仅是对于古董商，安宅先生注重礼数时的谦卑郑重，并不带有丝毫的卑微，是诚恳真挚、自然流露，这一点让人印象深刻。

安宅先生待客时同样非常注重处处为对方着想。根据客人的不同，他会斟酌安排上茶的时机，茶的种类甚至温度，这些细节他都会事先与我交代清楚。分享藏品的时候更是庄重，他会花大量时间去斟酌挑选，等到客人在时，从出示的顺序及组合等方方面面，一丝不苟。这种郑重的仪式感，特别是对于有藏品的同道之士、对第一次见面的客人尤为显著。安宅先生虽然本人对于茶道并不感兴趣，要论起茶道精神，我认为他的造诣要比那些半吊子茶人高出太多。

三、器物、资金

安宅先生基本上没有留下什么文章，公开发表过的也仅仅只有三篇而已。正因如此，三十多年前留存在我文件夹中的草稿等，应该可以称得上是非常珍贵的资料了。但是前者是我写的草稿，后者是为安宅先生代笔的秘书的文字，皆无法确定是否为出自安宅先生的最终定稿。即使是诸如此类的草稿，秉承完美主义的安宅先生也一定会用心确认后再三加以修订。而且修订会多达两三回，对照最初的草稿，最终定稿的确可以感受到安宅先生的气息，这也真让人感到不可思议。安宅先生不喜欢过于繁缛的行文，经常删除文中的形容词和副词等。这里提到的《古美术》中的一篇文章，我已经不记得是不是出自我手的初稿，还是经过一定程度修改过的了。此草稿是由我写在稿纸上的文字的复印件，复印用纸也都已经变色，有的字迹也已经看不清楚，甚至不知是在哪里发表的。但是就内容而言，可以断定是关于昭和42年（1967）8月29日至9月3日这期间，在东京日本桥三越百货店，由日本经济新闻社主办的第六届"美之美展"的文章。日本经济新闻社自从昭和29年（1954）

以来，在其报纸《朝刊文化》版面上设置了"美之美"专栏，一直致力于介绍推广艺术品之美。昭和42年（1967），因为当时任报社领导之一的圆城寺次郎先生（后来担任报社社长、会长）的不懈坚持，对于古美术方面的宣传力度，日本经济新闻社当仁不让。他们不仅仅是通过专栏文章的介绍，更为了让大家能够有机会实际鉴赏精彩的艺术品，进而策划了实体的"美之美展"。该展览先后举办了六次之多，在最后一次展览时，安宅收藏首次公开展出，当时提供中国陶瓷二十二件，以及速水御舟的作品二件参展。因为当时公司所藏中国陶瓷尚未成规模，安宅先生又拿出了自己个人收藏的器物加以补充。随后，昭和44年（1969）9月13日至28日这段期间，石川县美术馆举办了"安宅产业收藏名陶展"，展出了中国陶瓷三十三件、高丽陶瓷四十七件、李朝陶瓷七十件，总数一百五十件之多的名品力作一举公开亮相，始将安宅收藏公之于世。

言归正传。不论这篇《古美术》的文章安宅先生究竟修改了多少，但应该能把他当时的所思所想完全传达出来了。因为我通常是在充分体会安宅先生的本意之后才去起草草稿的。从该文中，可以了解到如下内容。

首先，安宅先生收藏艺术品的目的。

"之所以要去登山，是因高山仰止。我认为此话也适用于古董的收藏。对我来讲，三十五年以来就好像发烧一般被美术品的魅力所深深吸引。世上当然有那种可以凭借雄厚财力，由自己个人意志而随心所欲的大收藏家，但我不是。'收藏'对于我来说就是'痛苦'的代名词"。这段非常重要，由此可知昭和42年（1967）当时，他已经有长达三十五年之久的收藏经历，推算可知，他的收藏活动是从昭和8年（1933）左右开始的。

第二，以公司行为而收藏的相关制约。

"幸而对于收藏，公司方面相对宽容，我也为之助绵薄之力。但当要继续扩大收藏规模时，由于贸易公司的相关制约条款，资金问题就成了现实中无法逾越的高墙。有时我会反问自己坚持做收藏的目的，左思右想还是因为其中的非凡魅力，这个答案清晰无比，也给了我克服重重困难的勇气。"从买入艺术品的账本也可看出，安宅先生完全没有"挥霍金钱并且无节制地投资艺术品"。

第三，对古董商的重视。

"想要得到名品，只有通过优秀的古董商。一旦有名品露面了，即便被拒绝，即使需要花费很多年的功夫，也只有不断去向他们恳求割爱。"安宅先生的收藏态度中尤为突出的就是他非常看重与古董商之间的交往，近代日本的古董收藏家中，我认为他是最频繁出入古董店的一位。

第四，收藏的喜悦。

"长时间为了公司打理收藏，有时也会有失误的时候，我把它当作是交学费了。但是，千辛万苦而终于成功购藏到中意的名品，那种由衷的喜悦之情实在无法形容。我感觉一人独享这种喜悦实属浪费，有时我会给身边的人派送红豆米饭作为分享喜悦的礼物"。[1]

四、美的基准

安宅收藏被称为只收精品的所谓名品主义收藏方式。这一点确实无法否认。尤其在后发制人的中国陶瓷部分，这种倾向更显得一目了然。

什么样的古陶瓷才可以称得上是佳作？关于此可能会有几种解答。一般来说被称为名品的大致可以分为两种，其一是已经被评定为名品的，其二是知名度并不高但非常优秀的作品。知名作品的典型例子就是茶器范畴里的"大名物"以及"中兴名物"等。另外还有一类国家指定文化财，即所谓"国宝"和"重要文化财"，第二次世界大战之前还有"重要美术品"一类。专门收藏这类作品的人也算得上是名品主义的方针。但是这种收藏在有识之士眼里不受到推崇，因为那些作品只是凭借他人的眼睛被加以鉴定评审进而被划归为名品的，这类收藏在行家里手眼里并不受待见，他们多少不屑于这种坐享其成的姿态。

在日本，古陶瓷收藏被分为三种，即鉴赏陶瓷、茶陶以及民艺。与拥有长久传统的茶陶不同，明治（1868—1912）末期前后，鉴赏陶瓷的概念被提出，尤其以中国陶瓷为重点，单纯以鉴赏古瓷之美的风潮流行开来。同时，对于不属于茶陶类的日本陶瓷的欣赏也盛行起来，范围得以扩大。韩国的李朝陶瓷隶属支系旁流，但到了大正末期（20世纪20年代中期），在柳宗悦先生所倡导的民艺运动中，李朝陶瓷的评价得以大幅提升。最终在民艺的范畴中，李朝陶瓷被视为占有与中国及日本的地方窑口器物平起平坐的一席之地。

日本的这三类陶瓷鉴赏有着各自与生俱来的制约。比如鉴赏陶瓷，由于古陶瓷被视为重要的研究对象，一些仅具有资料价值的东西也登堂入室，这大概就是学术角度使然吧。在民艺方面，大量生产的东西被奉为圭臬，如此一来，被这一点所束缚，官窑作品就有被排斥的倾向。实际上，在民艺的世界中，中国的官窑器物、高丽青瓷、李朝初期的白瓷等大多不在被收藏的对象之列。论到茶陶，相比陶瓷本身，传承有绪反而被无限放大，没有茶人题签盒

---

[1] 参见第35页《泾渭分明》。

就成了致命伤，器物在尺寸和形制上都有着苛刻的要求。总而言之，收藏古陶瓷总是难免会被这些制约所限制，结果造成作茧自缚。

在此，笔者再画蛇添足补充一点，就是近年非常流行的"古董"概念。对于"味道"过分追求之余，有时甚至自行强加包浆而周围的人也见怪不怪。数十年甚至数百年间自然形成的包浆本是器物原本的"味道"，极端地讲，短时间内强加的"岁月痕迹"，无疑是对作品的亵渎。

鉴赏陶瓷、茶陶、民艺、古董这些概念，每一个都是在日本独特的风土文化中所形成的。无论是欣赏还是使用，都离不开日本这一大框架。但是从此框架中跳出来，以世界的眼光去衡量鉴赏古器，顿觉天地宽广、晴空万里。可以说，安宅先生正是以这种宽阔的眼界收藏古陶瓷的。

安宅收藏中包括中国的官窑器，也有磁州窑等民窑作品，韩国陶瓷中有官窑级别的高丽青瓷，也有造型并不规整的李朝粉青，的确有海纳百川之感。他的眼光完全不是欣赏民艺的角度，而是从器物出发而探究其美的本质。从这一点来看，若把室町末期至桃山时代这段时期对于高丽茶碗的鉴赏算作第一期，大正末期至昭和初期时浅川伯教先生和柳宗悦先生从民艺视角来评价李朝陶瓷算作第二期的话，安宅收藏这种从更广阔视角对李朝陶瓷的鉴赏，是当之无愧的第三期。这也是包括李朝陶瓷在内的韩国陶瓷首次在国际的鉴赏标准下，于日本的收藏界获得了应有的位置。

结语

从某种意义上来讲，安宅先生把生命的热情和执着都倾注于收藏。以下的几句话是在安宅产业破产迫不得已结束收藏活动时令我尤其印象深刻。

首先，昭和51年（1976），当时安宅产业由于石油方面的问题而面临重大的经营危机，包括安宅先生在内的身不由己地离开公司的管理层。当时安宅先生曾说："为了公司，我宁愿放弃全部收藏，如果公司可以获得拯救的话。"事实上，当时的安宅先生已经对收藏品没有发言权了。

其二，昭和57年（1982），大阪市立东洋陶瓷美术馆开馆之后，安宅先生曾经两次到访。第二次到访时，我用轮椅推着他在馆内参观时，问他："经常有人说起，他们猜测您现在的心情应该非常遗憾和失落吧，如此多年辛苦打拼搜集而来的珍藏，到最后全都和盘托出、易手他人。"而安宅先生却回答说："所谓收藏，在谁手中还不都是一样？"

当时我领悟到，一个收藏，无论它最终会迎来怎样的结果，只要未散，其价值就不会有任何变化。而对它的感情也同样没有阴晴圆缺，却像秋高气爽时的天空一般，万里无云万里天。安宅先生那平和自然的语调，恰好彰显了他作为真正收藏家的境界。

Ⅲ "谈谈安宅英一"访谈实录

访谈人：森孝一

时值大阪市立东洋陶瓷美术馆举办"美的求道者——安宅英一之眼"特别展，日本陶瓷协会主任研究员森孝一先生于2007年5月1日对笔者进行采访。本次对谈（添加了注释、有若干增删）刊载于2007年8月1日发行的《陶说》九月号（第六五三号）。

（谨向作为《陶说》发行方的社团法人日本陶瓷协会表示诚挚的感谢。）

关于安宅收藏的概况

森：在此之前安宅收藏已经有过几次公开展出，不过，以收藏家安宅英一为主人公的展览会还一次都没有过。这也是第一次。追本溯源，安宅先生最初对陶瓷产生兴趣大概是在什么时候呢？

伊藤：安宅先生不太喜欢谈论这些事情，所以我也没有直接向他确认过。但根据可靠消息，在住友集团有一位名叫多田平五郎先生的，好像也是一位大收藏家。我听说，安宅先生最初接触到陶瓷就是因为多田先生带他参观了朝鲜工艺的展览会。

森：那是在安宅先生多大岁数的时候？

伊藤：大概是三十岁出头吧。

森：所以，那是从伦敦回来以后的事？

伊藤：当然是回来以后啊……不过，对于我而言，这些具体情况也没法去确认，所以也很苦恼。有一种说法，说安宅先生是因为太过沉迷于古董，所以为了把他从这方面引开，其父亲才把他送去英国深造的。如果是这样的话，时间的先后关系又是如何呢？对我来说这些就是个谜，事情的起因好像永远耐人寻味（笑）。

森：我看《安宅英一之眼》特别展图录上的年谱[1]，安宅先生在伦敦分公司的时间是从1928年到1936年的这九年，按年龄说的话就是二十七岁到三十五岁。这期间，他在科莫（Como）湖畔跟随阿图尔·施纳贝尔（Artur Schnabel）学习钢琴。安宅先生对古典音乐抱有非常大的热情，他对艺术的执着追求是不是从年轻时候开始就很强烈？

伊藤：有一点很明确，那就是在这段时间里，音乐是排在首位的。那个时期，真正的富

---

[1] 安宅年谱并不成熟、系统。《图录》中关于驻留伦敦期间的记录，源自于读卖新闻大阪本社特别采访组所撰《安宅的毁灭——来自内部的证言》（讲谈社，1978年）。在那之后，综合遗嘱的证言，留英时间应当为1927年至1933年。

豪家庭，总是让女孩学习各种技艺，但安宅的家风好像也要让男生学些技艺。而且，安宅先生本人在这方面的意愿也非常强烈，他喜欢画画，在古董方面也有那样的前辈带领着去朝鲜工艺展览会参观。我记得应该是在1932年左右[1]的事情吧。

森：这样说的话，安宅先生也时常从英国回国吗？[2] 1932年的时候，兴起了一股李朝陶瓷热，大众开始接受韩国陶瓷[3]，可是稍稍在这之前，从欧洲回到日本的精英人士，比如横河民辅先生，还有岩崎小弥太先生等等，他们更钟情于中国陶瓷。我们现在知道安宅先生开始对陶瓷感兴趣正好是"李朝热"的时候，尽管如此，为什么他更倾心于韩国陶瓷而不是中国陶瓷呢？关于这一点，您怎么看？

伊藤：这个嘛，怎么说呢，作为一种精神指向的韩国陶瓷，在安宅先生这里，用一个词来说的话可能就像是通奏低音（Basso Continuo），一直在耳边回响。我觉得他还在艺术品的天地迷茫探索的时候，偶然和韩国陶瓷相遇，然后就一拍即合了。当然，他在英国的时候也见识了各种东西，音乐另当别论，但对西洋古董或是绘画之类的，却并没有涉足其中。

森：安宅先生在战后开始收藏速水御舟的作品，西方名画并未进入视野，而是青睐于速水御舟的作品。这是因为他的作品和安宅先生的审美正好相合吗？

伊藤：他收藏速水御舟的作品是在二战后，也是因为武智铁二先生的影响才开始关注到御舟。在那之后安宅先生就深深地投入其中，也就是对符合自己审美的东西就会猛扑上去。安宅先生的这种本能反应与生俱来。

森：我觉得安宅先生的本能反应相当敏感。陶瓷方面就是李朝陶器，绘画方面就是速水御舟，除此以外的东西一概不碰。只收集能够触动他心弦的东西。就拿李朝陶器来说，在收藏的初期，某种程度上来看大多是质朴无华的东西。

伊藤：在安宅先生的眼里，他不能接受的是匠气外露。所以，他一看到李朝瓷器，就觉得这才是浑然天成，一下子就被吸引住了。后来，他涉猎中国陶瓷时，也未碰清朝官窑，我的解释也是他不喜欢繁缛之风。

森：初期的时候挑选些朴素清新的东西，到第二期的时候眼界就提升到很高了啊。

伊藤：安宅收藏的划分如下：第一期（1951年至1953年）、第二期（1954年至1965年）

---

[1] 实际上，此事发生时间应当为1933年以后。
[2] 实际上，安宅先生留英期间从未回国。
[3] 采访者森孝一使用"朝鲜陶器"这一术语统称"韩国陶瓷"。

和第三期（1966 年至 1975 年）。第一期的时候之所以没有特别投入于陶瓷收藏，还是因为在预算方面有非常大的限制。最早的收藏就是从收集速水御舟的画作开始的，御舟的精品一出，安宅先生马上就收入囊中，价格方面也很昂贵。我觉得实际情况是，因为钱都花在了这方面，有些无暇顾及陶瓷了。

　　森：安宅收藏和安宅产业的运营发展是并行的，不过在这个过程中，还是因为见的"东西"多了，眼光也就随之犀利了。所以，到底还是"东西"发挥的力量大啊。

　　伊藤：那当然是时间越长眼光越好，所以慢慢就变严格了。不过，二战前的眼光和战后的眼光究竟有什么不一样，我其实也不太清楚，怎么说呢，眼光变好与兴趣的变化是否有关呢？没有比搞收藏更复杂的事情了，所以，单纯地从外表一看就说"如此这般"，这可是有点危险的。

　　森：另外，有些藏品还没有公开，所以，藏品的数量应该更大。

　　伊藤：我经常做个比喻，收藏就像是个金字塔一样，它必然存在有广阔的外围轮廓，最上面才是壮丽的顶峰。拿安宅收藏来说，人们对它的评价非常高，因为只看到了尖峰的部分，有些东西至今也没有公开。如果一下子把全部一千多件藏品都公之于众的话，一定会有人说："怎么连这种东西都包含其中？"

　　森：但是，这也是为了构建收藏的重要一步吧。

　　伊藤：确实是这样，可以说是必经的一步，也是一种宿命吧。还有一点，同时还有策略性的目的。比如只有把这件东西买下来，下一件才会拿出给你看。所以，也有闭着眼睛必须买的时候。每件藏品都有它被购藏的理由。

　　森：这样一来，全部收藏都公开的话，反而会导致混乱。

　　伊藤：因为会招致混乱，所以我认为就没有必要公开所有东西。总有人要求我们制作"藏品总目"，但是，考虑到做出来后的效果，我觉得倒不如进行一定程度的选择之后，才将之公开。

　　森：说到收藏，通常都会有所谓帮忙掌眼的人，安宅先生这里，情况是怎么样的呢？

　　伊藤：安宅藏品的数量大约是一千件，每一件都是他自己拍板决定买的。难以判断的时候，周围一流的古董商以及如林屋晴三先生或是佐藤雅彦先生等著名学者会参与意见讨论，不过最后还是由他自己决定。所以，像有人说的"那这是对某某言听计从的结果"，事实完全不是这样。某种意义上来说，安宅收藏是非常具有女性思维的。不知道是不是实情，听说根津嘉一郎的收藏就是男性气质的，他买东西的方式是从这里到那里几个货架全部买下，或者是装满一卡车。但以安宅先生的个性，这种买法不符合他的性格。

森：我想把话题集中到"鉴赏陶瓷"方面，日本的收藏家，从事陶瓷收藏的人最后都会涉足茶陶。横河藏品就是以鉴赏类器物为中心的，某个角度来说学术性很高，但却也是良莠混杂，藏品中什么都有。像安宅藏品这样经过严格挑选的，这在日本的收藏界还是比较少见的吧？

伊藤：我也认为好像是比较特殊。一般的收藏都会有个主轴，横河藏品被认为是典型的鉴赏类陶瓷，益田钝翁的收藏主要是茶陶（茶道类陶瓷），此外还有民艺类的收藏。像这样就会分成几大类型，而安宅先生对这种条条框框最为排斥。比如茶陶、花瓶之类的，必须是几尺几寸，有尺寸上的要求。这是他厌恶的地方。所以他自己也不好茶道。为什么不喜欢呢？就是因为他拒绝束缚，总是要保持自由的精神，要从被约束性的环境中解放出来。我觉得没有人能像安宅先生那样，不论是对物还是对人，都以茶道之心来平等待之。所以，比起那些半吊子的茶人，安宅先生更具茶道之心。

森：您所说的这些情况，也都写在这次的展览图录里了，归根结底，真正的茶道之心的确就是那样。

伊藤：如果只关注茶道的精神世界那一部分的话，那么茶道之心和安宅之眼完全不谋而合。

森：不过，为了收藏，对于那些有可能买到的东西，不论如何都不放弃，一直坚守，这种执着、这种精神真是非常了不起啊。

伊藤：这在展览图录当中也有写到。在当代的大家收藏里，没有人能像他这样频繁地往古董店铺里跑。因为安宅先生就是坚信，跑得越勤，机会也就越多。而且在这个过程中，不仅能够获得信息，还可以锁定目标，确定购买的战略战术。

森：听您这么一说，有钱就能搞收藏的说法太可笑了。

伊藤：这种说法我不屑一顾，因为完全不在同一语境。我们必须要思考的问题是，为什么唯独陶瓷能触动安宅先生的心灵？虽然安宅先生什么也不说，但我认为可能他还是觉得遇到好东西，也就是说名品有一种能量可以激奋人心、牵引前进以致自强不息。因此，安宅先生一发现好东西，就会不惜一切代价要把其收入囊中。这种豁出去的做法，其力度远远超出常人。

森：不过，也正是耗费如此精力之后终于入手的东西反过来又会支撑自己更好地工作。

伊藤：这和工作几乎没什么关系。简而言之，在安宅先生内心，自己的能量提升了，公司在此影响下也会有所进步，结果是彼此双赢。所以，我认为安宅先生作为公司领导，他首先要保持昂扬的斗志，这才是他的精神世界吧。

森：日本二战后的经济起飞，安宅收藏也可以说是受益者之一吧？

伊藤：的确是的。因为困难时期，虽然想买，但也买不起。所以，可以说随着安宅先生逐渐高扬的斗志及领导力，公司本身的经济状况也越来越好，二者就产生了共鸣，安宅收藏也就越来越丰富。

森：这听起来好似剑豪在独孤求败啊！

伊藤：宫本武藏遍行天下去寻找对手。这在根本上还是为了挑战自己，是为了自己的磨练精进。为了要提升自己就需要借助某种方式，对手无限多，道亦无止尽。

森：挑战不止，任重道远。

伊藤：是的，没错。东西买到手就一下子放松了。脸上一副猎物已入囊中的淡然表情。

森：从来不留恋过往。那么，安宅先生在藏品中最喜欢什么呢？

伊藤：我问过很多次，但他从来没有回答过。不过，买到那件高丽青瓷的鹤首瓶（图版21）的时候他真的很高兴。从壶中居买到这件器物的消息很快传到我这里，因为当时在大阪有个收藏库，所以安宅先生马上让人送到大阪去。在那里，总务部长正在做物品的入库检查，所以我立刻就给他打了个电话问："已经入库了吧？"对方回答说："已经入库了。不过，老爷子打来电话说就是不能给伊藤看。你呢？什么时候来看？"（笑）我立刻就跑去了。

森：这真的非常有意思。

伊藤：这就是我说的安宅先生"疯魔"的部分。等到什么时候他给我看，那时我还必须要假装是第一次见到，做出很吃惊的样子。

森：但是，我觉得这就是老爷子对您的信任吧。

伊藤：是吗，反过来也可以这样说吧。不过，怎么说呢，这是一种非常曲折迂回的信任方式吧。既然已经入库了，那就给我看看不就行了吗？因为他还不停地在给别人看，我也不断地听到这样的消息。别人老是问我："伊藤君，你看了吗？"我就回答说："还没呢。"（笑）

森：我感觉安宅先生是真的很喜爱那件鹤首长颈的高丽青瓷瓶！

伊藤：的确！他提起那件作品来总是笑眯眯的。

撑起安宅收藏的人士

森：伊藤馆长，您大学毕业以后，就是和安宅收藏一起一路走过来的[1]，所以，人生的大半部分是和安宅先生重合的吧。您的身上也相当程度受到他的影响吧？

伊藤：那当然是有了，好坏另当别论。林屋先生就经常说我，"你为人处事太思虑过度了"。我就回答说："先生，我也是不得已啊。因为这就是我人生的全部啊。"你看，安宅先生是个不爱说话的人。所以，我必须充分揣摩他的心思如何，一边琢磨一边决定自己的行动。揣摩，实际上就是我的生存之道。别无选择。

森：在那样一位强人的手下，我也感觉您的确没有办法。

伊藤：的确是没办法。所以，我与林屋先生那种学者所处的环境完全不同。安宅收藏的相关工作可以说是我的物质生活及精神世界的支柱。

森：当然了，安宅先生和伊藤馆长您的位置及财力都截然不同，可是，在审美方面，您确实是安宅先生的传人吧。

伊藤：我们相似的地方可能是挺多的。算是一种完美主义吧。

森：比如对待展陈的那种细致认真也很相像啊。

伊藤：在那方面已经像是复印机了（笑）。所以在本馆开馆之前，我总是嘴里絮叨着一毫米尺度的陈列原则，安宅先生真的也是这个样子。在细微之处，我也会指示"把那个罐稍稍向内侧转一转"之类的。

森：有些没法用语言来表达的，最后只能是偷师。

伊藤：是啊，我从安宅先生那里偷学来了多少东西啊！（笑）这个过程中也就形成了所谓的传统。

森：在安宅收藏中，从中国古董商仇焱之先生那里买来的东西特别出类拔萃吧。

伊藤：说到出类拔萃，就在最近埃斯卡纳齐（Eskenazi，伦敦古艺术品商）出版的图录中有一个南宋官窑的瓷盘。我一看到就吃了一惊。再一看它的传承来历，发现是爱德华·仇（Edward T. Chow，仇焱之先生的英文名）。我觉得惊讶是，这样一件好东西为什么没有介绍给安宅先生呢？另外，在日本人当中，广田不孤斋先生的眼光还是非常厉害的。不仅是中

---

[1] 严格地说，自大学毕业前一年（1954年）的秋季开始，到安宅先生去世那年（1994年）的初夏为止，大约四十年时间。

国陶瓷，即便是韩国陶瓷，不孤斋先生选出来的东西真的是别有洞天。而仇先生又是另外一种眼光，简而言之就是正统的宫廷趣味。

森：如果不是有这样的人在周围，或许也不可能买到那么多好东西吧。我觉得，不论眼光有多好，如果没有渠道的话，还是竹篮打水。

伊藤：确实是这样。只凭眼光那是绝对没法搞收藏的，就算有政治力量也不行。我觉得前述两位都是百年不遇的古董商翘楚。

森：法华花鸟纹罐（图版18）也好，青瓷八棱瓶（图版7）也好，如果不是通过仇先生，可能都无法入藏吧。

伊藤：仅仅在两三年时间里就构建了藏品的核心，如果公司能够再多延续一段时间，就还能再添加几件重器。

森：关于仇先生，安宅先生谈论过些什么呢？

伊藤：这个嘛，林屋先生写过相关内容。安宅先生被问及："在您的收藏生涯中对谁的印象最深？"他回答说："那还是要数不孤斋先生[1]和仇先生。"他经常提起那二位的名字，所以我觉得安宅先生受到了他们很大的影响。虽然看公司的账本上并没有从不孤斋先生那里直接购买的记录，但实际上很多藏品都源自广田不孤斋先生。

森：本次图录当中也提及的，安宅先生与日本经济新闻社的圆城寺次郎先生之间的交往是什么时候开始的呢？

伊藤：他们个人交往的情况我不清楚，不过从公司来讲，第一次正式交往应该是在第六届"美之美展"（1967年）的时候。当然了，虽然在那之前他们也经常见面，不过圆城寺先生那时第一次表示出希望安宅收藏把一部分公开展览。所以，我们当年就应邀首次将安宅收藏公之于众。圆城寺先生眼光独到，年龄上虽然有些差异，但安宅先生非常尊重他。

森：他们两个人，都是完美主义吧。

伊藤：没错。他们的兴趣爱好也特别一致。在安宅收藏急速成长的背后，我觉得安宅先生或多或少有意识让圆城寺先生加以见证。

森：安宅先生最在乎圆城寺先生的反应，他的评语可能也是最能让安宅先生高兴的吧。

伊藤：好像他说过圆城寺先生是世界上最能理解他的人。每次举办展览会，内容都有所变化。而每次圆城寺先生都会为之感到惊讶。所以，我觉得可以说，不断让对方惊叹的理念

---

[1] 安宅先生经常以广田先生的本名"松繁"来称呼广田不孤斋。

促使了收藏活动的蓬勃发展。

森：这真是一种令人羡慕的关系啊！

伊藤：是啊。相互"切磋琢磨"是彼此的共同目标。

森：在这个意义上，我觉得安宅先生遇到了人生中最好的朋友。

伊藤：我想他们之间的交往的确非常好。在收藏领域，也有个别人是买回来以后就不闻不问的，但多数人还是想要展示给别人欣赏，想让大家评论的。在这个意义上，安宅收藏不乏知音。

森：算起来的话，圆城寺先生今年（2007年）正好是诞辰一百周年。

伊藤：是这样啊？我自己其实也受到圆城寺先生很大的影响。在圆城寺先生的悼念文集里我也写过一篇文章，他绝对不会带给人紧张感，不可思议的是，我从第一次见面就能与他亲切地聊天交谈。为什么能做到这一点呢？因为是在展览会的布展现场。那种地方无论如何都能平等对话。例如，我说："这里，您觉得怎么样？"这样一来，一下子就感觉亲近了。圆城寺先生呢，真的无愧于艺苑的谦和长者。在陶瓷方面的年轻人有我，在佛教艺术方面有东山健吾先生，各领域他都有自己的"亲信"。所以，大家有什么事都会跑去与他商量。我们大家受益良多。

森：不论是作为报社记者还是编辑，这也非常重要，因为一个人不可能什么都了解，总是需要在有什么事情的时候有一个能咨询的人。

伊藤：所以，我认为在艺术界，圆城寺先生影响的广度和深度都非常可观。他的记忆力也是超群的。什么都不用做笔记，这给我留下了非常深刻的印象。我想他可能也会记错吧，但等下次故意再问他的时候，结果还是记得一清二楚（笑）。人家毕竟是经过专业训练的，当然可能也有天赋吧。

安宅英一之眼

森：安宅先生的日常生活是怎样的呢？

伊藤：那是既有"疯魔"的时候，也有"矫情"的时候。我讲个故事。安宅先生有一位叫一井的特别忠实的秘书，因为安宅先生的夫人很早就去世了，所以如果没有一井先生的话，他简直都没办法生活。安宅先生起床的时间一般是下午三点半或四点，反正是晨昏颠倒的。

有一次，我被安宅先生叫去的时候，他刚刚起床，穿着单衣和服就出来了。我们正在那里商量事情，他忽然把手放到了脸颊上，好像还没刮胡子。然后呢，他就用呼叫铃把一井先生给喊来了。这边一呼叫，一井先生就一边答应着"我在"，一边从长长的走廊那头哒哒哒地一路小跑过来。"我的胡须怎么还没刮？"（笑）当时就觉得特别滑稽、特别好笑。例如就是这样的不通世俗的事情在我眼前发生了，这可是在当今的日本啊，又不是过去的将军老爷。这件事到现在都历历在目，真是难以忘记的一幕。这究竟是"矫情"呢，还是"疯魔"呢，就看怎么解释了，不过我是在从特别善意的立场上说的。

森：安宅先生在英国生活了七年时间，他可能认为即使是在起居室，也要和外边一样，不在一定程度上保持举止风度的话，那也是挺失礼的吧。话说回来，听说安宅先生对于日常使用的餐具倒是不怎么在意。

伊藤：是的，没错。还有一个让人不可思议的是，他的生活空间里从不摆放艺术品。这在我看来也是他"疯魔"的一部分。我思考后觉得，如果用艺术品来装点生活，这样一来视线就会降低，艺术品与民间工艺品就联系在一起了。这是青山二郎先生、白洲正子女士他们所追求的境界。那是一种把眼睛向下的俯角视线，而安宅先生对待艺术是一种仰视态度。所以，那和日常的世界是完全没关系的。他希望在精神层面与器物对话并与之共鸣。

森：茶道是一种综合艺术，所以不论怎么说"器物"都会"现身说法"，与之相对，安宅先生在鉴赏方面很专一，心无旁骛。

伊藤：是啊。有几次我想让安宅先生也购藏书画作品，就带去了几件，但到最后他也提不起兴趣。例如说，李朝著名的画家李秀文，他创作有墨竹图系列作品，现在好像也被政府指定为重要文化财。看到那件作品，我就说"它将来一定会在安宅收藏中发挥作用"，可他完全听不进去。

森：话虽如此，有些东西也不是陶瓷，比方说青铜饕餮纹鸱鸮卣（图版44），还有剔红莲池鸳鸯纹花口盘（图版45）等等，不是照样买回来了？当然，这两件也都是出类拔萃的精品。可是，他就是不碰书画，这还真让人觉得不可思议。

伊藤：的确是不可思议啊。还有一件事情，我与安宅先生去拜访了酒井家藩主时，从人家手里买入了"油滴天目"（图版9）。在前去拜访之前，我一直在考虑的是，正好利用这个机会，把"伴大纳言绘卷"也一起买下，我就对安宅先生说"如果开口提出来的话，我觉得百分百能行。所以，到时请允许我提出这个请求吧"。结果，安宅先生考虑了很长时间，然后说"还是算了吧……"。我很理解安宅先生的心情，因为如果插进这件事的话，买"油滴天目"的事情有可能就会产生变数。因为当时对方还没同意，但是谈妥了天目茶碗后，请对方再多割爱一件呢？

森：不过，安宅先生是一位头脑非常清楚的人，韩国画家表达出的那种精神力量，他一定能够感受到。但是，要是任何门类都无休止地收藏下去，就会不知终点之所在了吧？

伊藤：刚才也谈到了，青铜器和漆器都买了，如果是中国的器物，只要是绝美精品，他还是非常动心的。

森：那两件器物真的是非常精美啊。

伊藤：的确非常好。至于说为什么不买日本陶瓷，那是因为安宅先生对我说想要九谷烧中最好的名品，让我去找，但最终也没能找到。安宅先生虽然说"你去找找高丽茶碗"，其实是"仅限于'筒井筒'级别的重器[1]"。总之，他要买金字塔尖的好东西。

森：不过，茶陶的力作好像没有朝鲜或者中国陶瓷那样丰富吧？出类拔萃的精品不多，龙泉堂的茧山顺吉先生说过，一流的茶道具即便是拿来鉴赏也同样是一流的，安宅先生自然也明白这个道理。

伊藤：实际上，因为接连不断地会有东西出现在市场，有时的确力不从心。而且还要考虑公司的财务状况，方方面面的原因也制约着收藏规模。

森：只专注于陶瓷，的确也是一件非常有意义的事情。

伊藤：我觉得在任何意义上这都是特别珍贵的收藏，毋庸置疑。

森：这些是靠安宅先生的眼光一件一件极其严格地挑选出来的啊！

伊藤：好像有些自卖自夸，走遍全世界的美术馆，还是觉得安宅收藏非常精美。我真的是从心底里这样觉得。除此以外还有什么地方呢？台北故宫博物院、大英博物馆大维德陶瓷馆另当别论。不过，即使你去了台北故宫博物院或者是大英博物馆，可你看那个陈展方式嘛……就比如这次的"安宅英一之眼"这个展览，每件都是严格甄选的，所以进到第三间的中国陶瓷展室，一种庄严肃然的氛围扑面而来。我觉得这里可能是全世界最美的空间，连作为策展人的我都是很满意的。

森：所以这次的展览会，通过您的陈展，我们能够感受到安宅先生的气场。这不是单纯只要有"器物"就万事大吉了。

伊藤：你说的没错。所以，要感受安宅先生的气场，不仅仅是欣赏"器物"，我还希望

---

[1] 朝鲜茶碗，日本重要文化财，因所有者筒井顺庆而得名。——译者注

大家去感受安宅先生之"眼"。做到这一点不容易，可以说除了本馆的这次展陈外几乎不可能实现。

森：我也是这样觉得。

伊藤：所以啊，最后还是觉得这里有些不足，就又追加了两三件东西，其中包括一件原来漏选的。如此这般，最终阶段又添加了几件。

森：安宅收藏就像是安宅先生自己养育的孩子一样吧。他的种种思绪都通过展品传递出来了。

伊藤：实际上还有一个谜团，不过图录里没有写。公司破产以后，藏品所幸没有流散各处。但作为安宅先生应该依然留有遗憾，因为有很多名品尚未有机会购藏。我很多次请求安宅先生说，请让我编一本您梦想中的名品集成吧。这样，安宅先生的审美之眼就可以永留在历史当中了，结果安宅先生说："即使留在历史中又有什么用呢？"这样的建议我大概提过三次，他都不感兴趣。所以我就放弃了，现在想起来仍然非常遗憾。比如克拉克夫人捐赠品（Donation of Mrs. Alfred Clark）中北宋汝窑瓶，Arc-en-Ciel美术财团拥有的青瓷圆腹瓶等，若把这些不可能买到的东西都囊括进来，并出版一本图录的话，才是真正的所谓"安宅英一之眼"。

森：那句"即使留在历史中又有什么用呢"，真是意味深远的一句话。

伊藤：太深奥了，我到现在都无法理解（笑）。

森：安宅先生说："即使留在历史中又有什么用呢？"这其实是安宅英一之眼的那种审美意识的表露吧。不过，只要"器物"存续，那么美就是永远的，所以与此相比，人的一生是很有限的。这样一想的话，这就是一句更有深度的话。

伊藤：安宅先生不是那种敷衍搪塞、随便说说的人，所以我觉得他的话里应该有某种意味深长的东西。另一方面，反过来想，我现在正在思考安宅先生没有选择什么。无论我怎么建议，安宅先生都未被打动的东西至少有两件。究其原因，可能是因为匠气外露。如果非要用什么语言来描述的话，虽然我觉得可能也没有什么合适的词语，那就姑且用"分辨率"吧。归根结底，用眼睛看东西，比如看上去只是一个点的，在有些情况下，其实是两个点。我觉得安宅先生是一个充分具备这种能力的人，我们的眼睛只能看到一个点时，安宅先生就可以清晰地察觉到那有两个点。

森：您所说的"分辨率"也贯穿在安宅收藏里面吧？

伊藤：的确是一以贯之的。不是个别的某个东西，而是通用在所有藏品中的。所以，正

笔者在"安宅英一之眼"展览会场（大阪）2007年 日本经济新闻社提供，末松诚摄

因为这个"分辨率"很敏锐，普通人绝对挑不出毛病的东西，他却一下子就将其拒之千里了。

森：所以，比如李朝的青花铁线唐草纹壶之类的，也会被选中。

伊藤：是的。反过来，在挑选的时候把符合自己品味的东西也纳入囊中。这里面的尺度非常微妙，比方说是花瓶，从内敛到外撇，曲线哪怕稍有不同，那就出局了。再如罐肩部的曲线略微有些偏差，也会落选。这些细节虽然难以用语言表达，但每当将藏品陈列一堂的时候，它们马上显示出非同寻常的统一感，让人心悦诚服。

森：这才是真正的所谓"安宅之眼"吧？

伊藤：是啊。通俗易懂地说，这就是"安宅品味"。

森：这次的展览会是通过伊藤馆长之眼尽可能地再现安宅之眼，希望大家意识到这一点。

伊藤：其实，这是双方之眼，一方是传送信息的，另一方是接收信息的，所以也希望眼界较高的人来看，这样双方之眼才能互动。

森：也就是说，"眼"这个词可不能那么轻易地随便使用啊（笑）。

伊藤：是的，我也这么认为。前段时间还有人让我谈一谈，我说看了这个展览会，恐怕会有一半的人是带着"啊，原来如此"的感觉在看。不过，对于剩下的八分之一左右的人或许能够看出些门道。可能只有很少的一部分人，真正能够忘我地、投入地看进去。我觉得这个展览会对于参观者而言，如果不真正把接收信息的能力提升到某个极限以上的话，是看不懂的。不过，尽管如此，大部分的人还是能够看懂其中的一部分。即使对于那些看不懂的人，他们至少能够明白"这里摆放了很多精美的好东西啊"。

森：本展的这本图录中伊藤馆长您的导论也受到了大家的欢迎，我想您也是更加希望观众踊跃前来参观。

伊藤：的确是不到现场就无法明白的。图录只不过能成为日后回忆的线索。无论制做出多么精美的图录，它主要具有资料价值，信息内容一眼就看出来了，可问题在于那份内心的感动到底能在多大程度上传递出来。这就和只读了小林秀雄的《凡·高信札》而从不看凡·高的绘画，嘴上却说"凡·高好厉害，好厉害"是一回事。

森：青山二郎也经常拿此举例。小林的读者以为读了《凡·高信札》就理解了凡·高，却从不去看凡·高的画作本身。

　　伊藤：这就是所谓的不可尽信书。艺术与文学还是不一样的。

　　森：所以，文学作品作为文学来读就可以了。但是，美是无法用语言来表达的。所以，只能直接去面对"作品"。

　　伊藤：就是这样。所以，关于展题也左思右想了半天，"安宅英一之眼"与"青山二郎之眼""白洲正子之眼"等等异曲同工，虽然我并不喜欢附人骥尾，但想来想去再没有更合适的展题了。

陶瓷鉴赏中的精神重生

　　伊藤：这次的展览会，我希望观众在看过之后能有一种神清气爽的感觉。我一直致力于这种陶冶情操、净化心灵的展陈。我也认为这次的展览是安宅收藏集大成之作。

　　森：我觉得不仅仅是陶瓷，希望能够让美好的事物给人带来心旷神怡的效果。

　　伊藤：我认为美所肩负的使命，恐怕原本就是如此吧。

　　森：既是使命，也是美的力量吧。

　　伊藤："美不为任何事物服务"，尽管有这样一个大原则，但是人呢，生存的人所创造的事物那属于艺术，虽然也有自然之美，不过艺术之美归根结底是人所创造的。所以，如果没有触及到人类精神，艺术也就失去了存在价值。如果用平实的语言来表达的话，我想那可能就是"与人生的关系"吧。所以，把与人生的关系作为主题的展览会必然大受欢迎。比如本馆曾承办过的川喜田半泥子[1]陶艺作品展就是一例。另外，露西·李（Dame Lucie Rie）[2]的展览也是同样，因为是一位八十多岁的陶艺家老太太努力烧制的陶瓷嘛，所以观众都来了。人是万物之灵，那么就必须要感受到某种程度上的生存意义才可体现生命的价值，所以，哪怕是稍微能够触碰心弦的事物，人都一定会被吸引。我是有这种信念的。因此，半

---

[1] 被誉为日本近代陶艺巨匠，生于1878年11月6日，卒于1963年10月26日。——译者注
[2] 英国陶艺家，生于1902年3月16日，卒于1995年4月1日。——译者注

泥子的展览时，在会场各展板上喷绘了他各个时期的名言名句。滨田庄司[1]的展览会也是一样的展陈方式，参观者就拼命地在看。我认为，这个模式的艺术展在日本的当前特别需要。在这个意义上讲，这次的展览会也是一次实践。

森：所以，并不仅仅是单纯地展示"器物"，而是把"器物"和人重叠在一起加以展示。

伊藤：是的，就是"人"与"器物"的关系。如果不是在东方，特别如果不是在日本的话，那么情形就不是这样了。把"器物"视为精神存在的这一观点，在欧洲和美国几乎是没有的。这可能是日本所独有的，而且，就安宅先生而言，他很坚定地与茶道划清了界限。茶基本上和所有领域的文化有关系。

森：对于安宅先生而言的陶瓷，应该是典型的精神食粮吧。

伊藤：那是显而易见的。"不论物和人，皆重品质"，这句话归根结底说的就是这个意思。安宅先生说得很清楚，那就是将人生与陶瓷名品挂上了钩。虽然，艺术当中也表达人丑恶的部分，不一而足，但安宅先生对其他完全不予理会。有一种说法是，目光仅聚焦于太阳。我觉得这就是他对待艺术的态度。所以，真的是非常光明。

森：光明，那也就是没有阴霾了。

伊藤：对。可能"没有阴霾"这种表达更准确一些。所以，备感神清气爽，在看过之后心情会很好，感觉好像自己被净化了一样。我觉得就是在这个过程中，他找到了艺术的意义。当然，这和现实中的安宅先生可是两回事哦（笑）。他自己对这一点也有清醒的认识。

森：因为是人嘛，所以也是千奇百怪的。不过，重要的是，安宅先生与陶瓷名品的这种关系。

伊藤：是这样。我也希望大家通过这次展览会能够对这一点有所理解。我真的这样想。

森：用这种方式来对待艺术的，在绘画或雕刻领域也应该不乏其人吧？

伊藤：在绘画和雕刻领域一定也有。说到陶瓷，本质上其实还是极为抽象的。

森：陶瓷是抽象的，同时它也是生活器具，所以很适宜成为把玩的对象。

伊藤：所以，在这个观点的支撑下，在我们身边的，比方说欣赏民艺作品，我称之为"日常派"，这些立足于青山二郎先生或白洲正子女士的审美，当然这也自成一派，但我觉得艺术鉴赏有必要超越民艺的时空。所谓的陶瓷鉴赏中的精神重生，在这一点上，我认为这到底

---

[1] 日本陶艺家，生于1894年12月9日，卒于1978年1月5日。1955年被日本政府认定为"重要无形文化财保持者（人间国宝）"。——译者注

还是安宅先生做出了巨大贡献。拿从前的陶瓷鉴赏来说，茶陶的情况另当别论，茶陶无疑有茶陶自身的意义，说回刚才谈到的把"器物"看作是日常身边民艺品的视点，这到底还是从人的立场出发来看待"器物"，所以人总是高高在上的。可是，在安宅先生这里呢，有时候陶瓷是处于上方的，这就是一个非常不同的地方。我认为这有着好似文艺复兴的重要意义。这是一种把事物视为平等的，甚至有时候还高于自己的视角，这在以前几乎从未有过。所以，这种视角的优劣姑且不论，过去的很多人，特别是在民艺领域，都是把陶瓷看作自己生活居所中的装饰物和使用物。茶陶在这方面可能情况稍有不同，但是仍然把重点放在使用环节，这一点始终没有改变。没有摆脱功用这个视点。这个说法可能有些难懂，但安宅先生是一下子就跳脱出来了。我想这就是通常凡人难以理解的地方。

森：茶陶也好，民艺也好，都是通过使用才构成了与人之间的关系，特别是茶碗之类的，如果不使用的话无法感受它的本质。我感觉这是非常深奥的。伊藤馆长您所说的我确实也非常明白，不过，就比如在茶道方面，既有像千利休那样有着崇高精神的人，也有的其实就是凡夫俗子。我想，最终还是看人，如果精神平庸，那么无论"器物"多么精妙，也与之产生不了深刻的关系。我觉得，这次的"安宅英一之眼"的展览，是一个让我们思考陶瓷与人之间关系的绝好机会。通过伊藤馆长的谈话，我们应该能对安宅英一这位人物有了更深的理解。

今天，非常感谢您的宝贵时间！

（2007 年 5 月 2 日，于大阪市立东洋陶瓷美术馆）

Ⅳ 陶然自乐

"陶然自乐"在这里指的是如同醉酒一般陶醉于陶瓷并自娱自乐。对于书画及雕刻等艺术作品产生陶醉时多有理性判断的成分。与之相对，沉醉于陶瓷则类似醉心于音乐，更多的是物我两忘、浑然一体的境界。鉴赏陶瓷无异于与窑火之神交流对话，令人诚惶诚恐。以下数篇作品就是在此心境中草就成章的。

古陶瓷的价值评估

我曾经协助某东洋陶瓷器收藏（安宅收藏）做过器物查定的事宜，请来了三家日本的一流古董商（壶中居、茧山龙泉堂、平野古陶轩）来做价格评估。当天，宽敞的会议室摆满了陶瓷器，我请他们一件一件地检阅实物，同时在事先准备好的带有作品照片的列表上写下各自的估价。有的他们一眼就可以判断出价格，有的则需要反复跟其他作品比较，一时之间也难以决断。一批作品全部写完评定价格后，便会将它们全部收起来，然后摆出新一批器物，再重复上述过程。由于时间有限，所以填写完毕的表格不做统计直接全部回收。藏品收起和展出工作重复数十次，全部的评估工作完成用了整整三天。

下一步就是把所有的几十张作品列表做数据整理。首先要把三位专家的查定金额分别统计出总金额。令人惊讶的是，在估价总金额上，三位的数字相差仅几个百分点。要知道，三位分别的查定金额都是远超百亿日元，然而各自能把如此庞大的数额之差缩小在几个百分点以内，这足以说明三位知名古董商的专业水平。

接下来要给每一件作品制作三位专家的评估比较表。这里发现了耐人寻味的现象。在中国陶瓷器和高丽陶瓷器的评价上，三人的数字没有太大差距。A 评价为五千万日元的话，B 就是六千万、C 是四千五百万，只有类似这样的小范围差距。但是在对于李朝陶瓷器的评估，情况则大相径庭。A 的评价为一千万日元时，B 是五百万、C 只有一百万；当然，反之 A 低 C 高的情况也有。三人的评价数字的高低每次都有不同。要知道，这三位专家都是日本屈指可数的著名古董商，他们经营中国、高丽、李朝陶瓷数十年。即使是如此的专业人士，在对待李朝陶瓷的评估上都出现了如此巨大的差别。如此结果我事前已有所预料，但是在如此确切的数字面前，我再次切身感受到对李朝陶瓷的评估难度之高。当然，这也是饶有兴致的地方。

那么为何会出现这种结果呢？

首先，我们把中国和高丽陶瓷分为 A 类和 A'类，把李朝陶瓷分为 B 类。A 类和 A'类在美感方面有着非常明确的界定。我们将对陶瓷的判断标准分为形、色、纹样这三方面。比

青花云龙牡丹纹罐 元 景德镇窑
大阪市立东洋陶瓷美术馆藏
住友集团捐赠

如元青花器物，近乎完美的造型、光亮的釉色、鲜艳的青花发色、笔触苍劲有力的绘图，再加上没有瑕疵和修复的话，便可以称得上为世界第一级的名品了。换言之，大家对满分作品都有明确的标准，即使无法说出具体的金额，也可以就此自然地判断出作品的价值。比如形状有偏差的话就减分，胎釉或青花的发色欠佳的话也减分，纹饰草率的话也会被减分。如此，把脑海中的满分作品来进行减法处理的话就可以完成作品评价。再以砧青瓷（图版 8）为例，这时评价的基准就变成了造型的端正和青瓷的发色了，再加上检查是否有破损及修复。说到青瓷的色泽，则多少需要专业的知识。仅仅以发色和透明度的高低还远不能成为作品判定的标准。但是看多了有了经验后，就可了解砧青瓷的发色和"天龙寺青瓷"以及"七官青瓷"的不同，甚至可以立即感受到其和京都制造的青瓷颜色的微妙不同。A'类的高丽青瓷亦然。

但是 B 类的李朝陶瓷就大不相同了。以白瓷为例，首先要看器型。什么样的造型才可以算得上满分，这在李朝陶瓷中没有定论。若以端正为判断标准，这对前期白瓷来讲的确可以适用，对于中期的白瓷则难以衡量。比如李朝白瓷中最具魅力的中期大罐，一定会有造型上的个性，饱满程度也不尽相同，反而正是这种刚毅遒劲的器型成就了其魅力。

我们再来观察一下釉的情况。烧制完好的李朝陶瓷，其肌质光滑的釉在日本反而不受欢迎。被称为"红叶"的带有浅红色沁的，或者由于长年使用而出现釉面色泽变化的作品有时反而受到高度评价。在青花瓷器纹饰的评价方面，质朴笨拙的笔致反而胜于精巧细致的，淡雅可人的发色更胜过浓艳夺目的。凡此种种，对于这类作品的评价，就无法套用如 A 以及 A'类那般，最初决定满分后用减法来进行评估方法。先不设定满分标准，首先需要考虑的课题是如何去评价，然后一点一点地去探索发现它的美。评价就需要把这些发现的美结合起来，或者说是用"加法"来进行。我想这也正是李朝陶瓷鉴赏上的特殊性吧。

当然，李朝陶瓷中也有很多需要用减法来进行评分的作品。比如后期分院官窑的白瓷，青花瓷器中的一部分。这类中，白瓷形制端正，烧制完美的作品往往多受偏爱，大家对于这类作品趋之若鹜。大家对于作品的评判标准皆有共识。近来，分院作品在李朝作品中之所以备受关注，正是以上原因所致。

对于李朝陶瓷，还有一种被轻易用减法来评价的，那就是看品相是否完整。往往仅因为凤毛麟角的伤痕就去对作品妄加指摘显然没有道理。中国的官窑瓷器中有一些完全是为了鉴赏而烧制而成的，对于这些作品来讲，是否有瑕疵可以算是评估上的重要环节。但是对于李朝陶瓷这种绝大多数是以实用器而被烧制并流传至今的作品，这些小瑕疵就无伤大雅。大正末期至昭和初期，李朝陶瓷在以柳宗悦为旗手而发起的民艺运动中充分展露魅力，其意义尤为深远。

对于真正喜爱李朝瓷器的人来讲，那些需要做减法来评估的作品可能不够刺激。只有自己亲眼去发现美的作品才妙不可言。这里我们所谓的评估，必须要与美的创造和发现紧密相关。知识和经验的总结运用，经过反复思考、烦恼痛苦和迷茫，最终才会得到正确的评价。而且单纯一个人自娱自乐是不行的，紧接着还要考虑如何令他人心悦诚服。这也正是李朝陶瓷鉴赏上的醍醐妙味。内心贫瘠自卑的人只会选择那些同样卑微的作品，目光和心理不成熟的人则只能看到外在的美。与之相反，心灵丰富、心胸宽广的人，就会倾向去选择探求内在的美，从而发现可以成为心灵食粮的东西。从一个人如何去评价作品，可以显现出他的见识和人格，这也正可以称得上是李朝陶瓷（包括高丽茶碗）的意趣所在。也正是因为此求道探索之逸趣，让李朝陶瓷的鉴赏和收藏有了日本式的享受美的特殊性，且使李朝陶瓷在现今有了新的存在价值。

青山二郎先生曾经称李朝白瓷罐为"白袴"（图版34）。此命名画龙点睛、恰如其分地阐述了此罐之清冽和温润兼具，且相得益彰的魅力。毋庸置疑，此器诚为上品，识者无愧达人。

（出自《李朝白瓷抄选》，创树社美术出版，1984年）

日本国宝·青瓷凤凰耳纸槌瓶
南宋　龙泉窑
和泉市久保惣纪念美术馆藏

青花草花纹罐（铭"ワビシ壶"）
李朝 18世纪上半叶
广州金沙里窑

景德镇的午后

中国的古街小巷,总有一些让人如痴如醉的地方。稍嫌狭窄的巷子,两侧是高耸的白色老墙,踱步其中,我确能感受到一丝丝悄然的生活气息融入在市井的芳醇之中。空气中弥漫着时间的味道,置身其中,感受着历史的斑驳与厚重,让人内心有被历史的沉淀而撩起的兴奋,这种感觉妙不可言。

在景德镇珠山地区的古老街道中,也有很多这样的小巷。珠山为景德镇主城区,珠山路呈东西走向,贯穿景德镇中心,明清时期曾在此设置御窑厂。如今御窑厂的宏伟建筑已不复存在,取而代之的是一栋栋崭新的高楼。但周围还残留着很多古老的民居,狭窄的小巷随处可见。在曲径通幽的小巷深处,一栋始建于明代的民居格外引人注目。这座被命名为"品陶斋"

景德镇陶瓷考古研究所品陶斋内景(明代建筑)

的建筑古色古香,现在是"景德镇陶瓷考古研究所"的所在地,这里受到了当今世界各国研究中国古陶瓷人士的热切关注。

景德镇在中国制瓷业上占有着不可动摇的地位,从明朝开始,景德镇的历史也差不多就是中国陶瓷的发展史。随着御窑厂的设立,精美的官窑瓷器被大量烧造。很多明代官窑瓷器作为传世品留存至今。但是,由于御窑厂窑址的考古调查迟迟未能开展,尚有很多问题有待考察。御窑场以外,景德镇的城镇及周边的出土资料基本上都是明清两代的民窑器物。

从 20 世纪 80 年代初开始,这种情况发生了变化。在珠山路的道路施工中,发现了御窑厂的窑址以及官窑残次品的堆积层。出土的是带有永乐、宣德款识的官窑瓷片。烧制时变形的器皿或误画成六爪龙纹的盘子等,因为这样那样的瑕疵而被销毁深埋。不仅是永乐、宣德,在御窑厂窑址和周边楼房改建工地中也陆续发现了洪武、正统、成化等时期的官窑瓷片。周边地区好似聚宝盆一样惊喜不断。而在这方面从事调查,并不断发表出研究成果的,正是以刘新园先生为中心的"品陶斋"。他们继 1989 年在香港艺术馆举办的"景德镇珠山

青花龙纹大缸 明正统 景德镇窑 高：75.5厘米
景德镇陶瓷考古研究所藏

出土永乐宣德官窑瓷器展览"之后，不断在日本、英国等地发表论文并举办演讲及研讨会等活动，极大地推进了明代官窑瓷器的相关研究。1989年秋及1990年春，我有幸两次到访品陶斋，目睹了最新的发掘成果。在此，我想介绍两个事例以飨读者。

处于宣德与成化之间的正统、景泰、天顺三朝，历时二十八年，期间的瓷器生产情况一直不明。不仅很少见到带款的器物，就连明清两代的相关文献中亦无记载，因此被称为"空白期"。虽然近年以来，在正统年间（1436—1449）的墓葬及塔基中出土了罐、瓶、碗等一系列瓷器。但都是制作较为粗糙的民窑制品，人们对于此时期官窑的情况还是一头雾水。然而，1988年，在珠山地区发掘出五处窑址，并在其西侧发现了多达约二十吨的青花大缸的废弃遗存。一同出土的瓷瓶残片的底部刻有的正统年款，可以确认这些为同一时期所制。被复原的大缸中，有一件高90厘米，直径78厘米的大器（参见本页图），这恐怕是明朝最巨型的瓷器了。大缸所画龙纹及波浪纹在承袭了宣德风格的基础上显得更为程式化，但从画风的雄健及青花发色的浓艳等方面，依然可以充分感受到宣德的遗风。

进入品陶斋，在前院的一角，有间小仓库。刘新园先生把我带到这里并指给我看，我顺着他手指的地方看去，不由得惊呼一声。眼前是厚度达到两三厘米的大龙缸残片密集地上下堆叠直达棚顶。据说，这些只是那二十吨残片的一小部分。此时的我就好像喝了五六杯茅台酒，已然如痴如醉。除了大缸外，还出土了青花的瓶、盘、碗、盏等。不仅有青花，还出土了斗彩莲池鸳鸯纹盘。明正统的官窑瓷器的丰富多彩，远远超出了人们以往的认知。

明代官窑器物中，有一种高约5厘米，器身修长的白瓷脱胎暗花龙纹杯。据说始创于永乐年间，成熟于成化年间，传世品只有台北故宫博物院的收藏等屈指可数的几件，可谓珍中之珍。脱胎，即将胎体刮薄，薄到近乎仅剩釉层，仅靠釉层保持形状，仿佛吹弹可破。据刘新园先生说，胎的厚度仅为0.6毫米。在这薄薄的胎壁上再用纤细的针尖刻划出精妙的龙纹。飞舞上扬的龙须，一片片的龙鳞，需用放大镜方可看清，真可谓是人间绝技。当然，器物底部写有"大明成化年制"的六字青花款。

在我像观摩宝石一样欣赏把玩这件修复后的脱胎杯时,刘新园先生抬手示意,房间内待命的两名员工从后面搬出一个看似颇为沉重的篮筐,沉甸甸地置于我们面前。大家面面相觑,不约而同地将目光投入篮子之中。篮子中竟错落地装满了数百个带有成化青花款的脱胎杯的底足。就是这惊鸿一瞥,置身于景德镇小巷的我瞬间酩酊大醉,沉浸其中了。

(出自:上海博物馆《中国·美之名宝③》,日本放送协会,1991年。)

李朝白瓷竹节笔筒

此刻,在我的眼前有一件白瓷的笔筒。它高 12.5 厘米,直径 8.1 厘米,并非是一件大器。若说它有什么装饰,那也只是在中间部分饰有一圈竹节,在笔筒口沿部分刻有弦纹,恰好是截竹为筒的造型。虽然形状非常简单,但整体观之绝无那种拒人千里之外的冰冷感,反而是有一种雅洁温润的感觉。白瓷的色泽和釉面的明亮相映成辉。这件笔筒虽然是白瓷,但其颜色并非纯白,是略微泛青的釉色,给人一种清爽的印象。胎土也没有经过精细的淘洗,在胎釉表面还有一些非常细小的杂质——即俗称为"芝麻"或"星"的落灰。由于手工拉坯,所以在光线下,还能够看到釉下的制作痕迹。所有的这些要素交错杂糅,产生出一种微妙的视觉效果,清新质朴且敦厚笃实的李朝白瓷所独有的气息扑面而来。

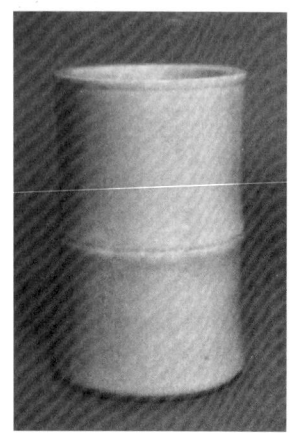

白瓷竹节笔筒 李朝
18 世纪下半叶
广州分院窑

这件笔筒不论是器型还是釉色,不论是胎土的选择抑或是制作的讲究,从工艺的完美性方面来看,充满了缺点。这些缺点(判断为缺点可能也有些武断),也就是不求完璧这一点,正蕴含了李朝白瓷的精神指向。或许可以说,这就是一种倔强的古雅吧。

李朝白瓷富于含蓄,充满"表情"。因时间、地点和观赏者心情的不同呈现出不同的风貌。这件白瓷笔筒也在暮色中散发出饱含诗意般的羞涩,而在朝阳下则彰显出银器质地般的硬朗坚实。

李朝白瓷能够从各种角度魅惑人心,要对其魅力进行细致而明确的解析绝非易事。这是因为，对于李朝白瓷而言，美的标准也是随着观赏者的审美情趣而发生相应的变化。并不是说只要器形规整就是好，也不是说只要釉色洁白就是好。其判断标准的宽泛性及不确定性，直观地反映出观者的审美判断乃至其人格。这一点是开启李朝白瓷魅力的钥匙。

（出自：《李朝白瓷抄选》，创树社美术出版，1984年。）

李朝白瓷三器

前些天，我在一家料亭听到一个段子。说起这家料亭经常有爱好茶道的客人光顾，其中有很多性格古怪的人，该店的服务员给我讲了这样一个故事。

以前她刚开始在这家料亭工作的时候，打扫卫生时偶然听店主人介绍到挂在壁龛的一幅书法作品。后来在接待客人时，有人问起这幅书法应该怎么读，她就如实相告。不料，过后客人小声对她说："你可不能这么轻松流畅地就把料亭内如此深奥的一幅书法读出来哦。"于是，她下定决心从此再也不会这样冒失地行事了。就这样，又过了几年，有一天这位客人又来了，还是问到壁龛中的书法挂轴应该怎么读的问题。这次她回答说："我也不知道，得去问一下。"没想到对方说："你在这里工作了这么多年，难道连这样一幅作品都不会读吗？"于是，她向我诉苦说这实在是很棘手的一份工作。

对此，我也有痛彻心腑的感受。在收藏家之中，也有那种古怪到让人无可奈何的人。是因为性格孤僻才能练就眼力？还是因为眼光独到才导致性格古怪？这二者之间的关系实在是非常费解。合理的解释是，随着年龄的增长对东西的理解也越来越深刻，能够看上眼的东西也变得越来越少，所以那种特立独行的劲头也就不断增长吧。

从1955年开始，我就一直在侍奉着安宅收藏的创始人安宅英一先生。每当我把这件事说给那些消息灵通人士时，他们的脸上总是浮现出一副出乎意料的表情。说起来，有一次我还遭到了排斥[1]。那是因为我在不明就里的情况下触及了安宅先生的逆鳞，结果周围的人

---

[1] 这篇文章过去已经发表，所以也无法大幅增添内容。原本应当在正文中说明的情况，现在只能以"注释"的形式来加以简述。昭和40年代（1965—1975）时，在安宅产业的部分董事中掀起了一股艺术品热，

非常担心，经他们劝解说情，所幸逃过一劫。在那一段时间里，与安宅先生在公司走廊偶遇打照面时，他会突然把脸转向一边。毕竟，他是一位能够在音乐会进行中高声喊出"太拙劣！"的人，那股强劲气势无人可及，好像台风一般气势撼人。但另一方面，我又认为很少有人能像安宅先生那样既沉静又腼腆，情感细腻入微；也很少人如他一样鞠躬时毕恭毕敬，举手投足动人心弦。很多时候，对所谓"英雄"的日常世界接触越多，越能把对方打回"凡人"，而我则尽可能地保持距离，高山仰止地凝视安宅先生那颗异常敏感而高贵、淳朴且充满激情的艺术家之心。

十多年前，我碰巧要编辑一本世界范围收藏的高丽李朝瓷器的名品图录。希望求见收藏家笠川正诚先生，于是就请安宅先生帮忙介绍。笠川先生从二战前就开始收藏李朝陶瓷，因此广为人知。安宅先生很早就在关注笠川先生和另一位藏家中川竹治先生的藏品，对此二位格外上心。他每年会特别把自己新近购藏的器物中的一部分陈列出来专为他们欣赏。安宅先生自己并不会出席，他们之间互不碰面，但这项活动一直持续。这是因为安宅先生有自己的打算：与对方相见的时候，就是请人家割爱藏品的时候。他一直在等待着时机的成熟。所以，我请求介绍与笠川先生认识，这绝无可能。于是，安宅先生通过秘书答复我说，"你不要接近笠川先生"。安宅先生的这种反应，已经不能用"超乎寻常"等司空见惯的词语来形容了。他的行为在能被常人所接纳的范围展开时，我的脚步好歹还能跟上，但是很多时候，安宅先生的所思所想其实已经远远超越了世俗空间的范围。

在李朝白瓷之中，安宅先生仍然会选择非比寻常的器物。曾经有一家美术馆提出企划，想要从安宅藏品中的中国和韩国陶瓷中选出二十余件举办展览[1]。其中，李朝陶瓷的名额有五件。我去找安宅先生商量，未料迟迟没有答复，时间一天一天流逝着。"就这样决定吧。"

他们打算投入到艺术品交易中，于是让笔者拟定一个具体方案。但是，严禁我跟安宅先生提及此事，也就是让我守口如瓶。然而，就在商议具体方案的过程中，这件事很快就传到了安宅先生耳朵里。原本每天早上安宅先生的秘书一井会按时和我联系、给我指示，结果有一天突然完全中断了。也就是说，安宅先生和我断绝关系了。在此之后大约有两个月的时间，我在毫无音讯中体验着地狱般的折磨。有一次，当我走过自己的直接上司安宅专务董事（安宅先生的长子）的座位时，正在和谁打电话的专务董事迅速地用手招呼我，于是我连忙跑过去。专务董事没有说话，把电话听筒塞到我手中。我毫不犹豫地把听筒贴近耳朵，结果电话那头就突然"哈哈哈"地传来了与以往一样、有些难为情的爽朗笑声。我因为自己的擅自行事，而向电话听筒那边深深致歉。"哈哈哈"的笑声再次响起，安宅先生只说了一句"可不能再随便行动了"，终于解除了对我的排斥。

[1] 昭和57年（1982）4月，为祝贺MOA美术馆开馆赞助展出。

安宅先生终于选出了他心目中的李朝白瓷，是一件李朝16世纪的白瓷圆罐（111页上图、图版34），釉色温润、韵味盎然。这件器物是青山二郎先生的旧藏，小林秀雄先生递藏，并被命名"白袴"，流传过程清晰可考，也是我本人情有独钟的一件作品。在那次展览会上，有一位以爱好李朝陶瓷而知名的评论家莅临现场。在参观完会场后，他表示说："这里摆放的安宅藏品每一件都堪称天下名品，但只是那件白瓷罐实在是二流的东西。"所以说，李朝陶瓷的鉴赏因人而异、别有洞天。

白瓷壶（铭"白袴"）
李朝 16 世纪
大阪市立东洋陶瓷美术馆藏
住友集团捐赠

接下来，介绍一件笠川先生收藏的李朝白瓷。我第一次见到他是在安宅产业已经破产之后，那时正好在编辑一本李朝白瓷的图录。初次相见的笠川先生已经年近八旬，他身形瘦小，给人一身正气之感，眼神慈祥却目光犀利，出人意料地颇显年轻。我把选中的照片给他看的时候，突然间他很高兴地看着我说，"啊，你把这件也选进来了"。那是一种因为这一件事就足够可以委以信任的笑容。这是一件器型较大的李朝白瓷棱瓶（111页下图）。可惜的是，口部有严重的残损，带一条大冲直抵腹部。整个棱瓶釉色并不亮丽。无论怎么说，大部分的人会觉得此瓶既有残损且质量一般，并不足取。笠川先生自己也说："买下它的时候就被别人嘲笑了。"但是，这件棱瓶中潜隐着一种非凡的气势，将前述的那些缺点一口气吹得烟消云散。我一直忘不了第一次见到这件器物时那种仿佛受到电击的感觉，就好像眼前呈现出一只大鹏鸟（中国古代想象中的大鸟）突然间悄无声息地回旋而下般的景象。庄子云："北冥有鱼，其名为鲲。鲲之大，不知其几千里也；化而为鸟，其名为鹏……怒而飞，其翼若垂天之云。"

白瓷多棱瓶 李朝
18 世纪上半叶 广州官窑
高 39.8 厘米
京都国立博物馆藏
笠川正诚先生捐赠

最后一件，是我自己收藏的白瓷方瓶（112页图）。对于这件器物，我不想再过多添加自己的解说了。因为它

白瓷角瓶 李朝
18世纪下半叶
广州分院窑 高9.0厘米

的木盒题跋源自于杰出的韩国陶瓷鉴定家加藤灌觉先生，摘录如下："本器属李朝英祖时期分院官窑中的一件，系贵族独酌时使用的酒器，实为珍品。距今约一百五十余年前。"

有一次，演员神山繁先生来敝宅作客，同行的还有青年美术评论家青柳惠介先生和"梨洞"的李凤来先生。对酒器嗜之如命的神山先生那天的目标无疑就是这件方瓶。当天，神山先生特意带来了唐津烧与高丽青瓷的酒盏各一。那件唐津的酒盏是从一个古董商处入手的珍爱逸品，令我艳羡得"咬牙切齿"；而那件高丽酒盏也是他深知我的嗜好，所以故意拿来吊我胃口的。他是想用这两件器物和我的白瓷方瓶交换。"这，这可不行"，我们相互对各自拥有的东西进行了一番对咏情诗般的赞美之后，我说"我准备拿它殉葬呢"。话音未落，神山先生一把夺过方瓶用舌头使劲地舔了一下，"就算这样，我也要把口水留在上面"。

即使到了现在，我的方瓶的某处可能还保留着神山先生那令人无可奈何的执着。算了，不清洗了，这样也挺好。

（出自：《别册太阳 No.58·韩国民间艺术探访》，平凡社，1987年。）

中头彩

福岛サト子女士有双不可思议的眼睛。当然了，这里所谓的"眼睛"并不是指大眼、圆眼、斜眼、环眼、冷眼、碧眼等肉体器官意义上的眼睛，而是指看艺术品的眼睛，是鉴赏之眼。

李朝的陶瓷，有时候可不是用普通的眼光就可以"一言以蔽之"的。其中既有那种谁都识货、价格惊人，让买方卖方都为之心跳的"分院官窑器"；也有颜色糟糕、造型奇特，只有相当的行家里手会动心的所谓"编外之物"。而福岛女士，她拥有从不合规格的器物中发现李朝杰作的特殊才能。

我第一次见到李朝铁绘竹纹壶（113页上图），是在东京日本桥古董商U氏的店内。"真是一件好东西"，我称赞道。U氏却说："可是卖不出去呀。""那是当然啊，这件圆罐可不是随便就让人能理解其味道的。"其大小属于中型，既不算大、也不算小，正是合适的尺寸，器型也非常规整。纹饰绘制颇为娴熟，竹叶和花草的画风也十分洒脱。可问题在于罐的釉色。有些人看见一定会说，"这是什么呀，脏兮兮的胎釉"，因为那是一种会让人一下子就兴致大减的褐鼠色。再加上有些出现污痕的地方因为釉层较薄而变得斑斑驳驳，甚至让人感觉仿佛是简陋小巷中一间破败相的茅屋一般。古董商说它不好卖，原因之一就在于罐身的色泽。但是，如果认真细致地玩味这个具有缺陷的外观，就可确信其中潜隐着难以抗拒的魅力和极致的古雅。能够看出这一点的，是相当有眼光的达人。然而，这些颇有见识的人之中，有实力能够买下这只瓷罐的人，可是非常稀少的。所以我想，这只瓷罐也就只得半永久性陈设在那家店里了。

几个月后，U氏给我打来电话说："那只罐子，我卖出去了。""啊！什么人买的？这个人不简单啊！""是一位女士。""呀，真是意外。"在那之后又过了几个月，U氏再次打来电话说："那位客人说要把那只罐捐赠给贵美术馆。""呀，真是意外。"

福岛女士的首次捐赠就这样实现了。大约又过了四年，我又重复了这句话："呀，真是意外。"那是福岛女士决定要第二次进行捐赠的时候。这次她把要捐赠的器物直接带到了美术馆，当我们会面的时候，我更深刻地见识了福岛女士的慧眼独具。现在回想起来，那也是令我颇为感动的一瞬。"希望您喜欢"，她一边说，一边安静地打开木盒盖子。当扁壶被放到美术馆事先准备好的紫色布垫上时，我不由得赞叹道："好东西！真是精彩。"

铁绘竹纹壶　李朝 17世纪下半叶
广州官窑　高 25.0 厘米
大阪市立东洋陶瓷美术馆藏
福岛サトチ女士捐赠

白瓷扁壶　李朝 17世纪下半叶
广州官窑　高 24.2 厘米
大阪市立东洋陶瓷美术馆藏
福岛サトチ女士捐赠

说起来，这是一件并不出众的李朝白瓷扁壶（113 页下图）。只是作为扁壶而言，它却器型较大，落落大方。这件白瓷的胎釉并不洁白，也是一种灰鼠色，通常也不大受藏家待见。但是，在正面中央部分凸现了一块积釉，显出青绿色泽，具有一种不可思议的魅力。在这种甚至显得土气的积釉的厚重与野趣之中，正可以一窥李朝白瓷所特有的浑然天成。

看似并未购买过多件重器的福岛女士，却接二连三地向我出示了两件极具风骨的李朝陶瓷，她一定是耗费辛劳最终才得以入手的。对她的眼力，我由衷地赞叹不已。一般而言，即使我们接到想要捐赠的意愿，也因为种种原因而会婉言谢绝。而对待福岛女士的捐赠，首先是钦佩她的高风亮节，而且我们获赠的器物又的确可以填空补白，对此我真是无以言表。

听说福岛女士现在正在物色第三件适合捐献的瓷器[1]。福岛女士说："让安宅收藏把它们纳入其中，这是我的愿望。"对于美术馆而言，这简直就如同连续中了难以置信的头彩一样。我作为美术馆的主管，谨向福岛女士表示由衷的敬意与感谢，在内心深处双手合掌。

（出自：福岛サト子：《古董余谈》，福岛サト子私家版，1994 年。）

---

[1] 第三件是汉代灰陶加彩十五件套，包括耳杯、盂、钵、勺、盘、尊、卮等，具有珍贵的资料价值。于平成 16 年（2004）受赠。

Ⅴ 风尘往来

风尘是被风一吹即随之飘扬的尘埃，比喻俗世间的杂事。"风尘往来"是大阪市立东洋陶瓷美术馆发行的《馆友通讯》中的专栏题目。此命名也含有勿被世间杂事所困扰的警示之意。内容不问古今东西，以下篇章都是发表于该专栏的一些杂感。

大人物与小土豆

说起美术馆的馆长,那真是形形色色什么样的都有。在大人物级别的馆长当中,托马斯·霍文(Thomas Hoving)广为人知,他于1969年至1977年担任纽约大都会艺术博物馆馆长。霍文认为有资格出任大都会艺术博物馆馆长的人必须是"拥有优秀的鉴别眼力和审美眼光的人,经验丰富且学富五车,相当于百折不挠的外交官,擅长募集捐款,具有经营能力,而且掌握调解与怀柔技巧"。仅有这些还不够,甚至"拥有执行力,为了能够生存下来,有时候还要'开枪行动',不惜与政界黑幕扯上关系,不避讳从事大规模走私"。实际上,今天美国大都会艺术博物馆的主要框架几乎都是在霍文时代搭建的。说好听的,他是雷厉风行的干将,说难听的,他就是自诩为难以想象的"麻烦家伙"。

他有着非凡的文笔才华,仅翻译为日文的著作就有五部。特别是那本《让木乃伊跳舞》[1](东野雅子译,白水社,1994年),是他担任馆长时期的回忆录,也是一部出色的纪实性作品。现实中的人物在书中粉墨登场,其中,辛辣评说、内幕隐情、权谋术数、处世训诫等内容在书中比比皆是,使人目不暇接、不忍释卷。文中有一节内容,让人禁不住掩卷沉思。霍文正在和终于吐露心扉的副馆长对饮交谈,这位副馆长则一个接一个地向他提出问题。你是怎样考虑美术馆的将来?对你来说工作的乐趣是什么?你尤其关心挂念的事情是什么?作为馆长,你想留下些什么呢?在你所做过的事情当中,你最希望人们记得的是什么呢?

就像有大人物及小土豆的美术馆馆长一样,也有形形色色的美术馆。可是,究竟依据什么来把林林总总的美术馆分出高下呢?这恐怕会因评价者的角度不同而迥然有异。在当今的日本,那些善于组织举办各类新奇展览的美术馆似乎占据了上风。当然,这样的美术馆在给社会生活方面注入活力的意义上,确实贡献良多。但另一方面,我认为那些能够发

---

[1] 原作名 *Making the Mummies Dance*——译者注

挥负离子效应的美术馆，今天更要增加话语权。本馆作为形形色色美术馆中的一座，有志立足于后者。

（2006年2月，第76号）

《死者之书》

诚如大家所熟知的那样，在读书的诸多方法中有一种叫做"待读"。像我这样的人，在阅读方面几乎都是寄希望于蚂蚁啃骨头的方法。《瓦雷里全集》[1]、《埴谷雄高作品集》[2]等这样的系列作品自不必说，包括井筒俊彦[3]、罗兰·巴特[4]、中泽新一[5]等人的单行本在内，几百本书都在书架的深处静静地待读。其中，还混杂着一本才二百页左右薄薄的文库本（中公文库），那就是折口信夫[6]的《死者之书》。

说实在的，过去我曾经好几次开始阅读这本小书，但都半途而废。说起此书，我暗自敬畏的评论家川村二郎先生[7]曾经盛赞这部作品是"明治时期以来日本近代小说的最高成就"。简而言之，这本书就像是一杯必须要在悠闲的时光和舒适的空间里仔细品味其浓郁醇芳的陈年佳酿。

声名远扬的人偶动漫鬼才川本喜八郎先生[8]把这部作品拍成了电影。作为动画电影导演，他执导的《鬼》《道成寺》等短篇电影，为观众呈现了惊心动魄的影像美术。

有一天，那是去东京出差的次日，我休假前往位于神田的岩波会馆（电影院）。当时，此影片已经在国内外的电影节上获奖，而且还有电影评论家佐藤忠男先生[9]的推荐辞："这

---

[1] 保尔·瓦雷里（Paul Valery，1871—1945），法国象征派诗人，法兰西学院院士。——译者注
[2] 埴谷雄高（1909—1997），日本政治·思想评论家、小说家。——译者注
[3] 井筒俊彦（1914—1993），日本语言学家、东方哲学家、伊斯兰学者。——译者注
[4] 罗兰·巴特（Roland Barthes，1915—1980），法国作家、思想家、社会学家。——译者注
[5] 中泽新一（1950—），日本宗教史学家。——译者注
[6] 折口信夫（1887—1953），日本文学家、民俗学家。——译者注
[7] 川村二郎（1928—2008），日本文艺评论家、德国文学专家。——译者注
[8] 川本喜八郎（1925—2010），日本人偶动画电影大师。——译者注
[9] 佐藤忠男（1930—），日本当代著名电影评论家、电影史学家。——译者注

部作品堪称川本喜八郎先生的一个里程碑。"于是，我的内心充满了期待。但是，在看完电影之后，有些东西却让我无法释怀，因为没有如期待的那样令人达到陶醉的境地。我注意到，与川本先生以往的绝佳作品相比，电影在手法上有甚大的差异。首先，影片没有使用以前那种人偶净琉璃风格的非日常化的人偶头部，而是改变为更加真人化的面孔；其次，过去的影片角色没有台词，只是通过字幕或画外解说来推动剧情，但这次是让著名演员为角色灌入了台词配音。这样一来，在梦幻般的世界里出现了当代的脸庞，同时还听到了由真人发声的台词，突然间，活生生的现实气息扑面而来。换言之，这些创作手法给动画电影的超现实性增添了日常性的要素，原作所独有的抽象性、象征性和幻想性的本质部分因而大打折扣。我不禁觉得，虚构的事物须彻底虚构处理才是最佳选择。然而，评价虽见仁见智，可这部由川本导演执导的作品仍旧值得留存于记忆。因为，至少这部电影把折口信夫那极为晦涩的文字带入我们身边，进而可能令许多人产生了阅读原著的欲望。

（2006年4月，第77号）

武满彻

《武满彻全集》（小学馆）发行了。实际上，正确地说这应该是为纪念作者逝世十周年，而将2002年发行的内容再次推出，开展了大规模的宣传销售活动。恰值此时，2006年5月号的《艺术新潮》也组织发行了武满彻的特辑。《武满彻全集》分为五卷，包括五十八张CD。自然，其价格也是非常昂贵。

20世纪50年代，在创作出早期佳作《弦乐安魂曲》时，武满彻还几乎是寂寂无名。当时的明星是团伊玖磨[1]、芥川也寸志[2]和黛敏郎[3]这三位男性作曲家。纽约爱乐乐团为纪念成立125周年，也曾委托黛敏郎来创作曲目。不过，由于担任伯恩斯坦（Leonard Bernstein）[4]

---

[1] 团伊玖磨（1924—2001），日本著名作曲家。——译者注
[2] 芥川也寸志（1925—1989），日本著名作曲家。——译者注
[3] 黛敏郎（1929—1997），日本著名作曲家。——译者注
[4] 伦纳德·伯恩斯坦（Leonard Bernstein，1918—1990），美国指挥家、作曲家，时任纽约爱乐乐团音乐总监。——译者注

助手的小泽征尔[1]的推举，最终确定让武满彻来完成作曲。这是武满彻的代表作《十一月的阶梯》（1967，November Steps）诞生背后的故事。据说后来伯恩斯坦对小泽说，"你推荐的人选是正确的"。

换个话题。陶艺家乐吉左卫门先生[2]为了转换心情，经常会在京都郊外的别墅里以最大音量欣赏现代音乐的CD。他听的曲目是新维也纳乐派旗手阿尔班·贝尔格（Alban Berg）[3]的《弦乐四重奏（Op.3）》。这部作品我也很喜欢，也经常听。不过，我们之所以喜欢听现代音乐（特别是室内音乐），并非是为了追求乐趣或慰藉，而是为了给脑细胞吹入新鲜空气。当我的思绪混沌不清时，通过听这些音乐来期待每一个脑细胞恢复活跃、重振精神。按照我恣意的分类，我认为现代音乐分为两种，一种是可以分割的合数一般的有机音乐，另一种是任何地方都无法分割的质数一样的无机音乐。在我看来，前者包括巴托克[4]（Bartók）、普罗科菲耶夫[5]（Prokofiev）、勋伯格[6]（Schönberg）、贝尔格、韦伯恩[7]（Webern）、阿沃·帕特[8]（Arvo Pärt）和维利奥·托尔米斯[9]（Veljo Tormis）等作曲家的音乐，而后者当中则有梅西安[10]（Messiaen）、瓦雷兹[11]（Varèse）、泽纳基斯[12]（Xenakis）、利盖蒂[13]（Ligeti）、布列兹[14]（Boulez）、斯托克豪森[15]（Stockhausen）

---

[1] 小泽征尔（1935—），日本指挥家。——译者注
[2] 日本茶陶"乐烧"的第十五代传人，生于1949年，幼名"光博"，1981年袭名"吉左卫门"，2019年7月让位隐居，改名"乐直入"。——译者注
[3] 阿尔班·贝尔格（Alban Maria Johannes Berg，1885—1935），奥地利作曲家。——译者注
[4] 巴托克·贝拉·维克托·亚诺什（Bartók Béla Viktor János，1881—1945），匈牙利作曲家。——译者注
[5] 谢尔盖·谢尔盖叶维奇·普罗科菲耶夫（Sergey Sergeievitch Prokofiev，1891—1953），俄罗斯作曲家。——译者注
[6] 阿诺德·勋伯格（Arnold Schönberg，1874—1951），美籍奥地利作曲家。——译者注
[7] 安东·弗雷德里克·威廉·冯·韦伯恩（Anton Friedrich Wilhelm von Webern，1883—1945），奥地利作曲家。——译者注
[8] 阿沃·帕特（Arvo Pärt，1935—），爱沙尼亚作曲家。——译者注
[9] 维利奥·托尔米斯（Veljo Tormis，1930—2017），爱沙尼亚作曲家。——译者注
[10] 奥利维尔.梅西安（Olivier Messiaen，1908—1992），法国作曲家。——译者注
[11] 埃德加·维克多·阿西尔·夏尔·瓦雷兹（Edgard Victor Achille Charles Varèse，1883—1965），美籍法国作曲家。——译者注
[12] 伊阿尼斯·泽纳基斯（Iannis Xenakis，1922—2001），法籍希腊作曲家。——译者注
[13] 捷尔吉·利盖蒂（Gyorgy Ligeti，1923—2006），奥地利籍匈牙利作曲家。——译者注
[14] 皮埃尔·布列兹（Pierre Boulez，1925—2016），法国作曲家。——译者注
[15] 卡尔海因兹·斯托克豪森（Karlheinz Stockhausen，1928—2007），德国作曲家。——译者注

以及武满彻等作曲家的乐曲。将武满彻归入后者，可能略欠稳妥，但是，对于我来说，听武满彻的音乐有时候会有些辛苦。因为，他音乐太过尖锐，让人感到对方好似胸藏匕首一般具有威吓。武满彻的盟友大冈信先生[1]也曾说过："在我看来，他简直就像是一名飞刀高手。"

以我自己的独断和偏见衡量的话，最好的现代音乐的室内乐曲之一当属巴托克的六首《弦乐四重奏》。有机会的话，我想要在乐吉左卫门先生的带有通风天井的宽敞客厅里，将音量开到最大，把贝尔格和巴托克这两者对比着来听个够。

（2006 年 7 月，第 78 号）

能乐面具

多田富雄先生[2]是世界知名的免疫学家。他为普通大众所写的《免疫意义论》（青土社，1993 年）是赞誉颇高的名著。而且，他本人精通意大利艺术，在古董鉴赏方面也有很深造诣。特别是，在能乐方面，他不仅能够自己表演，还可以撰写剧本，而且都达到了行家里手的水准。换句话说，他就是那种酷爱艺术的优秀科学家。我曾经有机会拜访结识多田富雄先生，但因为他突然抱恙而未能实现，实属遗憾。

最近，我读到了一篇多田先生久违了的随笔新作，题名是《脑海中的能乐面具——残鼻的"深井"》[3]（刊载于《紫明》第十九号）。作者在文章中描述了自己对未曾亲眼见过的残鼻"深井"的图版的印象。这件能乐面具究竟是在怎样的能乐中佩戴使用？多田先生在文中细致绵密地阐述了他不断摸索的步履印记。所谓"深井"是表现中年女性的能乐面具中的一种，用于悲剧主题的能乐剧目。可是，这件残鼻的"深井"与通常的"深井"又有什么不同呢？多田先生的双眼捕捉到的是，"她看上去非常悲伤，抛舍一切的达观支配着灵魂，也再不会流下泪水……这种沉静表明，她从未企盼获得拯救。……这是令人毛骨悚然的孤

---

[1]　大冈信（1931—2017），日本现代"第二次战后派"代表诗人，著名文艺评论家。——译者注
[2]　多田富雄（1934—2010），日本免疫学家。——译者注
[3]　"深井"是一种表现经历沧桑中年女性的能乐面具。这件"深井"据传系室町时代能乐面具师越智制作完成，因该面具在鼻子和唇颚处有一定程度的残损，故称"残鼻的深井"。——译者注

独……"。这让人浮想起《百万》《柏崎》《小袖曾我》《安达原》等能乐剧目，但却仍然觉得不够到位。作者说，不久之后，当他终于知道名伶桥冈久太郎先生[1]作为前仕手[2]在《山姥》[3]的剧目演出中曾经使用过这个面具时，着实感到不寒而栗。那是不知道从哪里冒出来的山姥的化身所戴的面具，有着阴森森的惊悚感及触之可及的悲凉孤独……而且还听说，英年早逝的观世寿夫先生[4]也曾经使用过一次，那是《藤户》中的前仕手所用。在这出剧目中，母亲面对眼前杀死自己儿子的武将，迫身上前要求对方杀死自己、还回儿子，丧子的母亲万念俱灰。她的那种撼人气魄以及与之相矛盾的无力感，都凝聚于残鼻的"深井"。多田先生被深深打动，他觉得能在这样的剧目场面中出场的，非残鼻的"深井"莫属。

这篇文章可能是受到脑梗塞的侵袭后，已经无法说出话来的多田先生，面对电脑一个字一个字地敲键写成的。这番情景和我几个月前看过的一个电视节目叠映在一起。那是一部反映正在与病魔抗争的多田先生竭尽精力投入能乐新作剧本创作的纪录片，他敢于将不自由的身躯暴露在镜头前的勇气和使命感，让我受到了无以言表的强烈感动，不由自主地正襟危坐起来。想必多田先生自己也体会到了残鼻"深井"的绝望与孤独。那种竭尽全力想要克服病痛的愿望，透过这篇短小而平和的随笔传递了出来。日有所思、夜有所梦，残鼻的"深井"面具在尘世喧嚣尚未扰人的拂晓，也隐约地出现在了我的梦中。

（2007年1月，第80号）

戴簪的蛇

因为要提起一些陈年旧事，颇有些不好意思。在我考大学的时候（1951年），考试科目总共有八门。除了英语和语文以外，数学要从代数、几何、微积分当中选两门；理科门类要从物理、化学、生物、地学里面选两门；社会科目要在日本史、世界史和地理之中选两门，

---

[1] 桥冈久太郎（1884—1963），日本能乐师。——译者注
[2] 仕手意为主角，前仕手即为能乐表演中先上场的主角。——译者注
[3] 山姥是日本传说中居于山中、形如老妇的妖怪。——译者注
[4] 观世寿夫（1925—1978），观世流能乐师。——译者注

总计八门内容。就连报考文科志愿的人也必须在数学中选考两门参加考试，我觉得这真的是有些苛刻。现如今，关于微积分什么的，在我的头脑中是一丁点儿记忆都没有。不仅仅是微积分，当年囫囵吞枣背下来且不知所云的汉文汉诗、生涩的牛顿运动定律之类的，都和现在的我毫无关系。不过，我觉得这些知识的学习，可能到现在仍然在我的潜意识中发挥着某种重要的作用。反观当下，近期的教育体制对待学生好像越来越宽松了。比如说，圆周率只要记住是3就可以了。如此草率的做法，究竟是哪个部门的哪位高人有权决定呢？

人称"雪博士"的中谷宇吉郎先生[1]是世界级的物理学家，他在硕学寺田寅彦先生[2]门下学习时，还留下了许多意涵深邃的文学作品。就在最近，我读了他的随笔《戴簪的蛇》（《中谷宇吉郎随笔集》，岩波文库，1988年），阅读的动机就是单纯地被文章的题目所吸引。中谷宇吉郎在文章里描写了他在石川县大圣寺町这个地方度过的小学生活，文中充满了令人怀念的记忆。小学后面有一座小山，山上曾经筑有江户时期前田藩入主这里之前的城塞。传说在山城被攻陷时，土豪夫人和小姐等女眷或是跳入池塘或是跳下山崖悲惨地死去。于是，对于小孩子们而言，那里就成了人迹未踏的魔境。相传那里经常有"戴簪的蛇"和"双头蛇"出没其中，所有的孩子都对此深信不疑。幻想及传说，在现实中延续着旺盛的生命力。

中谷宇吉郎先生认为，对大自然的敬畏等这些异想天开的非科学体系的教育往往会出人意料地发挥着重要作用。他写道："那些不知道海怪和河童[3]的孩子们，真的很可怜。"他还认为，与"从小就喜欢定闹钟，能记住所有火车头型号的孩子"相比，对"戴簪的蛇"怕得打哆嗦的孩子实际上更有可能适合作科学家。真相与真理，可能意外地悄悄潜隐在谁也未能注意到的地方。如果真有那种容不得"戴簪的蛇"之类的傻话，并付之讥笑的所谓合理主义教育者站在面前，我想仔细盯着他的眼睛确认一下，检查一下他的真身究竟是不是日本制造出的极其先进的机器人。

（2007年4月，第81号）

---

[1] 中谷宇吉郎（1900—1962），日本物理学家、国际雪冰协会副会长，在世界上首次完成人工造雪。——译者注
[2] 寺田寅彦（1878—1935），日本物理学家、散文家、俳句诗人，曾受教于夏目漱石。——译者注
[3] 河童，日本神话传说中的生物，有鸟的喙、猴子的身体、青蛙的四肢及乌龟的壳。——译者注

梦十夜

恐怖小说、恐怖电影之类的，是我的弱项，只是一味地感到害怕。特别是对于那些充满了人们恩怨纠缠的小说和电影，我总是敬而远之。

与此相反，幻想文学倒是对我的胃口。幻想文学往往被人们与怪异小说混同起来，二者之间的界定也是模糊不清，但对于我来说，它们的差异却非常明显。我就是以恐怖或者不恐怖来判断。在欧洲，幻想文学有着悠久的历史；而在中国，明代初期的《剪灯新话》堪称滥觞。清代的《聊斋志异》若作为幻想文学，当属上乘佳作。书中的花妖狐魅轮番登场，然而不可思议的是，它们却都心地善良、容姿端丽，读罢往往令人心驰神往。牡丹花精对凡人心生眷恋，在经历过迂回曲折之后，二人在冥界终成眷属，这样的故事不由得使人不胜唏嘘。

在日本，镰仓时代明惠上人[1]的《梦之记》被认为是世界上最古老的以"梦"为题材的专著。此外，这类幻想文学中上田秋成[2]的《雨月物语》占有一席之地，这部作品对明治、大正时期的文学产生了很大影响。这一时期的代表人物是泉镜花[3]，他被认为是此类文学作品的泰斗。不过，在此前后活跃的夏目漱石[4]和内田百闲[5]等作家也都留下了令人难忘的作品，例如前者的作品《梦十夜》，后者的作品《冥土》等。特别是《梦十夜》，它虽然只是一部小品，但却是夏目漱石的名篇之一。我所喜爱的是第一夜，这部作品也充分展示了夏目漱石在文学方面的天分及资质。

"……我双臂环抱往枕边一坐，仰面躺着的女子便轻声说自己要赴九泉了"，作者写下这句话，进而展开了一个梦幻般的故事。"一百年，请坐在我的墓旁，我一定会来见你。"久久地等待，可女子并没有出现，觉得自己被欺骗了。这时，从石头下面伸展出一根绿色的茎蔓，眼看着它茁壮生长，一直长到胸口的位置。一粒花蕾忽地绽放在眼前，"洁白的百合花散发出沁人心脾的香气"。"我向前探出身子，轻轻地亲吻那凝结着清冷露珠的白色花瓣"，然后，把脸从百合花前抬起，不经意地眺望远方的天空，拂晓的星光忽倏一闪，"啊！百年已然到来了"。作者的文笔坚实敦重，呈现的意境气韵高古、香气四溢。

---

[1] 明惠上人，日本镰仓时代前期华严宗僧人。——译者注
[2] 上田秋成（1734—1809），日本江户时代后期作家。——译者注
[3] 泉镜花（1873—1939），日本小说家。——译者注
[4] 夏目漱石（1867—1916），日本近代作家。——译者注
[5] 内田百闲（1889—1971），日本小说家。——译者注

荷兰的画家彼埃·蒙德里安（Piet Mondrian）[1]倡导新造型主义，他致力于建构仅由黑色水平线、垂直线和三原色构成的单纯无比的画境。但是他年轻时候的素描却富有象征主义和神秘主义色彩。他创作的仿佛就要开口言说的不可思议的花朵形象，在我眼里与夏目漱石所描写的百合花精重合在一起，在春季月色朦胧的夜晚，一时间诱人陶醉。

（2007年7月，第82号）

意大利赞歌

以前曾经出版过一本关于苏联电影导演安德烈·塔可夫斯基[2]（Andrei Tarkovsky）的书，书名就叫做《塔可夫斯基，我喜欢你！》。我模仿这本书的名字，也想说一句："意大利，我喜欢你！"意大利的历史、风物、艺术、音乐、美食以及其国民的开朗热情，一旦陷入便无法自拔，对于艺术爱好者而言，那里就像是一座充满了乐趣的蚁巢。在家庭生计方面，我的家人都会努力缩减日常开支。尽管如此，夫妻二人的旅行也几乎是不可能的。于是我就一个劲儿地向朋友振臂呼吁，最后组织起了一个"意大利屡旅会"。这是一个限额十五人的特别规划的旅行团，所有的费用都是大家均摊，到现在已经组织了十次。

我们自己决定入住的旅馆，一日三餐也是随遇而安。这样的旅行团基本是无利可图，所以旅行社大多不愿承接。穷则变、变则通，于是我们找到一家小旅行社来带我们出行旅游。这是一趟彻底的"穷游"，有时候午餐就是站着吃一顿类似于夹心面包的意大利帕尼尼三明治来了事。晚上我们会喝葡萄酒、吃西式正餐，价格只有日本的几分之一。我们的行程会避开大城市，而在五百人至两千人规模的村庄小镇中徜徉漫步。旅馆里只能在逼仄的空间中冲个淋浴，而隔壁房间的声音响动也听得一清二楚。在我们的团队成员中也有经济宽裕的人，他彻悟般地说"这简直就是回到了学生时代"。我们的行程绝不是简单的游山玩水，这是每年一次净化心灵、修养性情的旅程。每一次，我们都会设定一个固定的主题。一次，我

---

[1] 彼埃·蒙德里安（Piet Cornelies Mondrian, 1872—1944），荷兰画家，几何抽象画派先驱。——译者注

[2] 安德烈·塔可夫斯基（Andrei Arsenyevich Tarkovsky, 1932—1986），俄罗斯电影导演。——译者注

们的主题是追溯皮耶罗·德拉·弗朗切斯卡[1]（Piero della Francesca）的作品及其生平，那次旅行中我们拜谒了他母亲的墓冢。有时会在旅途中有意想不到的收获。温琴佐·弗帕[2]（Vincenzo Foppa）、安布罗吉奥·伯格南[3]（Ambrogio Bergognone）等是在日本还是鲜为人知的文艺复兴时期的杰出画家，他们的故乡举办大规模的回顾展时正好让我们赶上，观后获益匪浅。在旅行团同行的人中没有艺术史方面的专家，不过我们在当地会聘请具备丰富专业知识的导游。每次旅途，我也信马由缰地说个不停，为了大家增长智识并且陶冶性情。"这幅画，修复的地方可不少"，"这座建筑是罗马式的早期风格"，大家的口中不断冒出这样出人意料的语句。

最令我感到羡慕的是意大利这个国家热爱文化与传统、尊重个性的大国风范。相比之下，在日本不论走到哪里看到的都是同样的面孔，全无个性且整齐划一，经济效益至上主义横行于世。气定神闲地保存内心的平静、品味欣赏艺术品的愉悦，如何才能守护住美术馆这一本来的社会职能，我每日苦恼思索着这些问题。

（2006年11月，第79号）

---

[1] 皮耶罗·德拉·弗朗切斯卡（Piero della Francesca，1416—1492），意大利文艺复兴初期著名画家。——译者注

[2] 温琴佐·弗帕（Vincenzo Foppa，1511—1574），意大利文艺复兴时期画家。——译者注

[3] 安布罗吉奥·伯格南（Ambrogio Bergognone，1453—1523），意大利文艺复兴时期画家。——译者注

Ⅵ 图版解说

安宅收藏概观[1]

安宅收藏包含：中国陶瓷 144 件、韩国陶瓷 793 件、越南陶瓷 5 件、日本陶瓷 2 件、中国工艺类器物 5 件、朝鲜工艺类器物 10 件、日本工艺类器物等 6 件，总数大约一千件。

一、中国陶瓷

中国陶瓷部分，时代跨越汉代到明代，没有清代瓷器。这完全出于安宅先生的个人喜好，有强烈的个性主张。

按照时代加以梳理：汉代 2 件、六朝 1 件、唐代 23 件、五代 3 件、宋代 47 件、元代 18 件、明代 50 件。一目了然，上述时代都是中国陶瓷史上最为充实灿烂的时期，名品迭出，自然也是安宅收藏的主力所在。这一收藏自成体系，对于器物的质量非常重视，数量不一定多，但是件件可圈可点。所谓"西有大维德，东有安宅"，这两处世界知名的中国古陶瓷收藏，彼此相映生辉。

具体到器物，唐三彩贴花宝相花纹罐、唐三彩狮子（图版 1）等器物釉色鲜艳，唐加彩宫女俑装饰精美讲究，后者与细川家收藏之俑并为双璧。

兼具高迈精神与精致意趣的宋瓷是安宅收藏的核心部分，其发展历程可从以下名品加以概观。北方地区：白瓷刻花莲花纹洗（图版 4）、白瓷褐彩牡丹纹吐噜瓶皆为定窑之代表作；汝窑青瓷水仙盆（图版 6）则为日本收藏的汝窑之魁。南方地区：南宋官窑青瓷八棱瓶（图版 7）、建窑油滴天目茶碗（图版 9）等都是堪称同类器物中的精品，饮誉海内外。这些器物彰显了陶瓷之美，多件被日本政府指定为"国宝"或"重要文化财"。在安宅收藏中，

---

[1] 本文出自《美之猎犬》之外的著书，由笔者撰写、译者节译，整体介绍安宅收藏，特此说明。

共有 12 件器物作为指定物件登录在案，其中 9 件是在购藏之后落实的。

元代瓷器中，龙泉窑飞青瓷玉壶春瓶（图版 10）自古流传于鸿池家，其釉色、造型、铁斑点彩等，无论哪一方面都无可挑剔，美不胜收。青花瓷器方面则有多件重器，其中的鱼藻纹大罐（图版 14）在 1973 年的古董拍卖会上横空出世，之前完全不为人所知，后被政府指定为"重要文化财"。另外，著名画家竹内栖凤之子·竹内逸先生发现的青花梅瓶（图版 13），构图疏朗，纹饰清新，特别符合日本的审美品味。

明代早期的青花瓷器在安宅收藏中所占的比重亦大，与元代重器相映生辉，成为仅次于宋瓷的重要内容。青花"内府"铭带盖梅瓶（图版 15）等，将明初的青花魅力彰显无遗。另外，宣德蓝地白花牡丹纹盘（图版 16）为"重要文化财"，在工艺技法方面独树一帜，是极为罕见的稀世之珍。法华花鸟纹罐（图版 18）亦为"重要文化财"，无论造型还是纹饰皆有磅礴气势，代表了法华工艺的最高水准。

明代后期的五彩瓷器中，嘉靖黄地红彩龙纹罐（图版 19）、万历五彩松下高士图盆（图版 20）等无不特征鲜明，众多精品荟萃于一堂。

上文罗列了部分安宅收藏的中国陶瓷名品。总体看来，藏品囊括了中国陶瓷的各时期的代表之作，基本可以呈现中国陶瓷史的发展面貌。但是，仔细看下来，唐代的邢窑白瓷、北宋官窑青瓷、成化斗彩等重要名品有所缺失。究其原因，安宅收藏集中精力大力收藏中国陶瓷始于 20 世纪 60 年代中期，而作为后盾的安宅产业在此时已经进入了经营困难的局面。这种局面一直持续到收藏终结的 1975 年，在这仅仅十余年期间，能够把中国陶瓷的收藏体系构建到如此程度，实属不易。艺术评论家的安德烈·马尔罗（André Malraux，1901-1976）根据自己犀利的眼光，将大洋东西的艺术品集合在图录中，将所谓"空想美术馆"的面貌具体地呈现出来。与之相对，安宅收藏则通过历代的名窑名品展现了中国陶瓷的发展史，实属难能可贵。

二、韩国陶瓷

安宅收藏的韩国陶瓷包括：统一新罗时期 4 件、高丽时期 304 件、李朝时期 485 件，合计 793 件。显而易见，收藏的核心是高丽及李朝时期的器物，统一新罗的几件仅仅起参考资料的作用。

高丽时期的器物以青瓷为主。高丽青瓷受到中国越窑青瓷的影响，12 世纪前期到 13

世纪达到鼎盛。各种工艺层出不穷，包括阴刻、阳刻、镂空、雕塑等所谓单色釉青瓷。此外，独树一帜的镶嵌青瓷也有大量烧造。安宅收藏中，上述单色釉青瓷92件、镶嵌青瓷128件，基本囊括了高丽青瓷几乎所有的器形、纹饰、工艺技法，蔚为大观。其中，青瓷刻花牡丹莲花纹鹤首瓶（图版21）及青瓷镶嵌童子纹水注堪称高丽青瓷两种不同工艺的代表之作，精彩万分。青瓷男童、女童形水滴（图版22）各一件，虽为文房小品，却典雅文气，令人爱不释手。

从工艺角度来看，还有铁绘青瓷27件、"黑高丽"17件、釉里红点彩青瓷8件、白堆彩青瓷4件、金彩青瓷2件、绞胎青瓷3件，几乎涵盖了所有门类。其中，釉里红点彩镶嵌青瓷鹤首瓶的红色纯正，观之赏心悦目。另外，黑釉、褐釉等青瓷以外的品种共有10件，而非常罕见的高丽白瓷总共有16件，其中或许包括了高丽坟墓出土的中国白瓷，目前仍然在进一步研究之中。其中，白瓷瓜棱形执壶不仅带盖子，还有成套的托盘，弥足珍贵。

李朝陶瓷在安宅收藏中最为充实，在质与量的两方面都达到了相当的水准。粉青器作为李朝前期的代表品类占了171件。其他门类：白瓷73件、青花127件、铁绘45件、釉里红24件、白瓷镶嵌7件，再加上青花釉里红、青花铁绘、黑釉、褐釉等等，总计314件，基本涵盖了整个时代陶瓷史的发展面貌。特别值得一提的是，全世界仅见数十件的青花"秋草手"纹饰瓷器，在安宅收藏中就有17件。

在上述众多的李朝陶瓷中甄选代表名品并非易事。粉青器中，整体施白化妆土的祭器（图版31）及瓶（图版32）是久负盛名的传奇作品。当代陶艺大师滨田庄司曾经在参观展览时被粉青刻线柳纹长罐（图版27）所深深打动。另外，白瓷罐（图版34）及白瓷透雕莲花纹盆台（图版35）将李朝前期陶瓷的造型魅力展示无遗。青花瓷器中，李朝初期的青花梅竹纹罐（图版36）、中期的草花纹棱罐（图版39）两器都是饮誉内外的名品佳作。铁绘器物中，虎鹭纹罐（图版43）堪称代表。

古陶瓷专家林屋晴三先生曾经指出，除了历史上的桃山到江户时代已经流传至日本的高丽茶碗以外，安宅收藏实际上是日本对韩国陶瓷收藏的集大成之举。再进一步来说，这实际上也是日本对于源自风土、语言、习俗等背景迥异的国度所创造出来的艺术品加以理解、欣赏、爱惜的真实见证。

概观安宅收藏的大约一千件亚洲古陶瓷，自然会发现在收藏准则上的一条明晰的线索。

其一，不受传统意识对古陶瓷鉴赏的束缚，将选择的范围大幅进行了拓展，这种革新好似茶道宗师山上宗二所说的那样,"以山为谷,指西做东",影响深远。安宅收藏所超越的传统认知的框架束缚,主要有以下几个方面:

1. 传统意义上的中国陶瓷收藏。众所周知,英国的大维德爵士将《格古要论》《陶说》等文献奉为圭臬,受其指引以明清以来的鉴赏眼光构建起优秀的收藏体系。由于以宫廷趣味为导向,其收藏也被称为"小宫廷趣味",完全没有唐三彩明器及宋金时期的民窑等器物,更不要说在中国的传统鉴赏体系中无法占据一席之地的韩国陶瓷。

2. 日本在室町时期(1336—1573)之后,一贯将陶瓷与茶道紧密相连。近代以来的日本著名收藏往往也包含了作为茶器而使用的古陶瓷器。这样一来,器物的造型、尺寸、用途等方方面面必然受到了茶道的极大约束。

3. 进入近代,大正时期(1912—1926)以后,民艺运动的影响波及收藏领域。以柳宗悦先生为领袖的民艺运动在其初期阶段的确向世人弘扬了李朝陶瓷的魅力。但是,随着将民艺的范畴逐渐局限于民间杂器,自然而然地缩小了欣赏对象的范围。其结果是,器型端正、纹饰优美的李朝官窑器被排斥在外。

4. 大正中期以后,日本的古董商习惯将陶瓷分为"茶陶"及"鉴赏陶器"两类,一改仅仅重视茶道器具的老派传统,拓宽了收藏家及研究者的视野,也奠定了今日的基础。一般看来,安宅收藏是立足于"鉴赏陶器"的典型,其实内容非常丰富,也包括了多件茶器名品及民艺佳作,无法一言以蔽之。

如上所述,安宅收藏的姿态不受约束,有志于从各种局限中将自我解放,以有容乃大的态度购藏作品,甚至也没有在固定的店铺选购,一贯秉持门户开放的态度。

概观收藏内容,既有君临于茶陶顶峰的油滴天目茶碗(图版9),又有宫廷趣味十足的成化官窑宫碗(图版17)。与之相对,豁达粗放的李朝粉青岸然伫立在另一个极端。所以,安宅收藏可谓海纳百川、圆通无碍。但是,与之俱来的是不断思索美的本质,带有一种求道精神的厚重与曲折,极具日本特色。

安宅收藏的另一特色是不允许存在瑕疵的完美主义。这里的"瑕疵"并不是指状态,而是指其美感,也就是器物给观者带来的紧张感受。大凡艺术精品,总能带给观者冲击、震撼的力量。茶道中也有类似的表现形式,其中有着异曲同工之妙。所谓古陶瓷精品,不仅要带给人美的享受,更要有一种撼人的精神力量。以拟人的手法来形容就是其所包含了高雅品味及非凡气势。概观整体收藏,观者自然会领悟到一种类似宋徽宗"瘦金书"一般非同凡响的安宅品味。

通过犀利的直观判断加以甄选的安宅收藏具有和谐统一的整体美感，器物彼此相映生辉。而收藏本身实际上也是一项行为艺术，带有价值的开拓与创造意义。鉴赏活动本身无法称为创造，但是有着明确标准的收藏活动无疑属于艺术创造的范畴。

安宅收藏是由世间罕有的极具艺术天赋的收藏家安宅英一创造、指导而建立的，一项虽有止境，却与世长存的、整体的艺术巨制。

（出自：伊藤郁太郎《收集的谱系：本馆藏品的介绍》一文部分节选，原收录于《大阪市立东洋陶瓷美术馆馆藏品选集：东洋陶瓷的展开》，财团法人大阪市美术振兴协会，1999年，译者节译。）

中国

1. 三彩狮子 *

唐　8世纪　高：21.8厘米　住友集团捐赠

　　对于中国陶瓷藏家而言，小型的唐三彩狮子一直是令人垂涎的对象。因为它器型小巧，而且还被认为有避邪的作用，所以很适合置于手边玩赏。安宅产业破产以后，安宅英一先生曾两次前往大阪市立东洋陶瓷美术馆参观。由于安宅先生年迈且行动不便，所以他需乘坐轮椅在展厅内欣赏器物。在陈列这件唐三彩狮子的展柜前，安宅先生凝视良久，喃喃自语道："这里如果放着静嘉堂收藏的狮子就好了。"他是在感慨静嘉堂文库美术馆中收藏着一对充满力量感的唐三彩狮子珍品。收藏家不论到多少岁，总会有一个无法实现的梦想。

中国

2. 日本・重要文化财・绿釉黑花牡丹纹瓶 *

磁州窑　北宋　12世纪　高：35厘米　住友集团捐赠

　　对于安宅先生而言，他与香港古董商仇焱之先生的相逢是命运的安排。经日本经济新闻社社长圆城寺次郎先生介绍相识后，安宅先生首先通过仇焱之先生购藏法华花鸟纹罐，在随后的仅仅数年内，先后购得超过二十件器物。包括此瓶在内，后来有三件作品被指定为日本重要文化财，由此可见这些器物的品质之高。有人问安宅先生："在您构建收藏体系时，谁的影响最大？"他回答说："那还是要数仇先生与不孤斋先生（壶中居的创立者）。"

中国
3. 黑釉刻花牡丹纹梅瓶 *

磁州窑系　北宋—金　12世纪　高31.6厘米　住友集团捐赠

关于这件器物的购藏经过，本书第53页《追求》已有详细记述。当时，此梅瓶要出售的消息在一些古董商之间流传，而安宅先生也因此有异样的表现。安宅先生对笔者说"只委托了壶中居"，而笔者除了解释说漏听了一句重要的"在日本国内"以外别无他法，这也是笔者所能够揭示的真相。现在，笔者内心终于理解了安宅先生当时的迫不得已。这件作品非常特殊，它早已超越了世间的道理与法则，正因如此，才能堪称珍品。

中国
4. 日本·重要文化财·白瓷刻花莲花纹洗
定窑　北宋　11世纪　高：12.1厘米　住友集团捐赠

广田不孤斋先生"三种神器"之一。参看第159页紫红釉鼓钉洗与第175页五彩松下高士图盆。

注：
　　定窑位于河北省曲阳县涧磁村。小山富士先生在第二次世界大战期间探察了窑址后，它受到了全世界的瞩目。这件洗与伦敦大维德基金会收藏的同类器物被并称为双璧。

广田不孤斋先生是壶中居的创立者，在古陶瓷鉴赏领域，他以日本首屈一指的犀利眼光而广为人知。安宅先生对他也是高看一眼，曾有人问道："在您构建收藏体系时，谁的影响最大？"他回答说："那还是要数不孤斋先生与仇先生。"不孤斋先生也曾经建议，"在中国陶瓷器方面安宅收藏属于后起之秀，那就不要把范围扩得太广，应以名品一以贯之"，安宅先生欣然接受了这一建议。

不孤斋先生手中有三件名品，他害怕这三件器物一旦示人就不得不出手，于是将盒子紧紧扎好，甚至添加封条，加以秘藏，将其称为"三种神器"。安宅先生不知道从哪里听说了此事，就不断请求不孤斋先生说："请让我欣赏一下吧，哪怕就看一眼也行。"对方早已预知了此事的危险性，所以始终都没有答应。但是，当时的安宅产业社长猪崎久太郎先生由于实权在握，与不孤斋先生说话就颇无顾忌，在他强力的请求下，不孤斋先生勉强答应给安宅先生看看。果然，安宅先生一见钟情，他的求购进攻就马上变成了短兵相接，毫无停歇。百般为难的不孤斋先生最后给安宅先生非常郑重地写了一封信："唯有此事，无论您如何请求，在下也无法出让。恭请谅解。"

几个月后，不孤斋先生收到安宅先生邀请。不孤斋先生虽然心生狐疑，但他觉得如果安宅先生想催促他出手藏品的话会主动来访，所以也未作多想。他被人引入座，但却迟迟没有见到安宅先生的身影。正在百无聊赖之际，他的目光停留在了壁龛中挂着的书法卷轴，于是走上前去近看，竟然发现是自己写给安宅先生的那封信被精致地装裱起来了。就在不孤斋先生一瞬间茫然无措的时候，安宅先生跪坐在他背后双手扶地、深俯身躯，低着头说："这三件神器，请您无论如何割爱给我吧。"此时此刻不孤斋先生束手无策，只得说："我算是服你了。"昭和 39 年（1964），"三种神器"经第三方之手纳入安宅收藏之中，这也标志着安宅先生收藏中国陶瓷名品的热情在此时进一步加深。所谓的"三种神器"分别是定窑白瓷刻花莲花纹洗、钧窑紫红釉鼓钉洗和万历五彩松下高士图盆。

中国

5. 日本·重要文化财·青瓷刻花牡丹唐草纹瓶

耀州窑　北宋　11—12世纪　高：16.8厘米　住友集团捐赠

耀州窑的作品在世界上并不少见，但吐噜瓶器形的作品却极为罕有。本器刻花的深度与釉色之美可谓出类拔萃。原为日本某财阀的旧藏，昭和42年（1967），与另一件作品先后购得。安宅先生喜欢把这两件作品并排陈列，享受那无比幸福的时刻。

注：
　　耀州窑以陕西省铜川市黄堡镇为中心，窑址非常广阔。此窑创烧于唐代，五代时期进一步发展，至宋代达到鼎盛。

中国

6. 青瓷水仙盆

汝窑　北宋　11世纪末—12世纪初　高：5.6厘米

住友集团捐赠

　　日本现存的极为珍罕之汝窑作品之一。昭和44年（1969），由英国的史宾客（J. Sparks）公司推荐后立即购得。虽然口沿处有小伤，但其釉色，特别是底部釉面非常美丽。空运到日本时的包装十分简陋，能丝毫无损地寄到实属万幸，现在回想起来不由得冒出冷汗。此后，安宅先生指示，凡是从海外购回的重要作品皆由公司员工亲自拎回。

注：
　　汝官窑是为北宋官廷专门烧造的青瓷的窑场，自古以来最受珍重。世界范围内仅存70余件作品。

中国

7. 青瓷八棱瓶

官窑　南宋　12—13 世纪　高：21.0 厘米　住友集团捐赠

　　这件青瓷八棱瓶曾经秘藏于故宫博物院，其底部贴有编号为"第七百五十一号"的清宫旧藏标签，昭和58年（1983）访日的故宫博物院专家冯先铭先生也曾经观摩过。可以说，此器堪称宋代官窑瓷器中的逸品，它在昭和45年（1970）通过伦敦佳士得拍卖行出售时，在全世界的收藏家和古董商范围内轰动一时。究竟应当委托哪家古董商，安宅先生在深思熟虑之后最终选择了仇焱之先生。不出所料，拍卖过程是一场白热战，仇先生不负所托，力挫群雄，竟得此瓶。但是，其成交价格也创下了当年中国陶瓷的最高纪录。随后，安宅先生才是背后买家的消息不胫而走，于是，日本的部分媒体以价格过高而发起非难。在此过程中，评论家白崎秀雄先生发表文章称："这个价格与16世纪文艺复兴时期绘画的价格相比，根本不算什么。这样一件时代久远至12世纪的世界级名品回归东方，日本所拥有的名品也更为丰富，考虑到这些，这个价格甚至称得上是便宜的。"随之，批评的声音逐渐消失。

　　当这件器物送抵日本，我前往羽田海关取货时，终于第一次亲眼见到了实物，结果发现它釉色暗沉，并未令人心生感动，于是当即通过电话向安宅先生报告了这一情况。之后，八棱瓶被送至安宅先生处，令人吃惊的是，从盒子中取出后，好像立刻焕发神采并呈现出深邃神秘的色泽。安宅先生非常高兴，并以嘲讽的口气对我说："你刚才是用宿醉未醒的眼睛看的吧？"实际上，在羽田海关的荧光灯下与在安宅先生办公室自然光的环境下，二者的采光效果及光源性质完全不同。这件事也成了日后创建东洋陶瓷美术馆时，在世界范围内率先设置了自然采光展厅的契机。

中国

8. 日本·重要文化财·青瓷凤凰耳花瓶

龙泉窑　南宋　13世纪　高：28.8厘米　住友集团捐赠

　　众所周知，在日本传世的砧形凤凰耳花瓶中最受推崇的是曾流传京都山科毘沙门堂传承的"万声"（和泉市久保惣纪念美术馆藏）及于近卫家传世的"千声"（阳明文库藏），这两件神品久负盛名。

　　安宅产业是日本著名的商社之一，而商社所擅长的一项能力就是收集信息。有一次，住友信托银行保管着某件作为债权抵押的瓷器，此信息从财务部门的负责人那里传递到安宅先生耳中。昭和35年（1960），安宅先生想尽办法得以获知那是一件砧青瓷的名品，于是马上下令让财务负责人去和住友信托商议。交涉的条件是由安宅产业转移债权并解除抵押，而物件则归属安宅产业。附加的条件是绝对不能让人知道安宅产业介入其中。有赖于住友信托交涉的娴熟，这件凤凰耳花瓶终于在昭和36年（1961）1月顺利被纳入安宅收藏，并于昭和42年（1967）日本经济新闻社主办的第六届"美之美展"上首次公开亮相。这件器物因其青瓷釉色的美丽、器型的优美以及毫无残损的保存状态而获得了与"万声""千声"相当的评价。昭和43年（1968），此器被日本政府指定为重要文化财。据传，得知此实情的抵押方事后懊悔不已。

注：
　　砧形双耳花瓶是中国南宋至元代在龙泉窑烧制的器物，其数量较多，在韩国新安海底也有出水。在日本，它作为置于壁龛的花器而备受珍重。与天目茶碗及金兰手瓷器的情况相同，砧形双耳花瓶中的杰出作品几乎都传世于日本。产于南宋时期的美丽青绿釉色的作品格外受到喜爱，之所以被称为"砧青瓷"，是因为其造型模仿了捶打麻绢织物的砧杵。花瓶的双耳除了凤凰造型以外，还有龙耳和鱼龙耳等多种。这件器物由丹波篠山的青山家传承至今。

中国

9. 日本·国宝·油滴天目[1]茶碗

建窑　南宋　12—13世纪　口径：12.2厘米　住友集团捐赠

　　在油滴天目茶碗中，这件从若狭酒井家[2]传承而来的重器把油滴的特征表现得最为出色，将其奢华与绚丽展露无遗，可谓尽善尽美，它被指定为国宝真是实至名归。

　　第一次见到酒井家的藩主是在东京皇宫酒店（Palace Hotel Tokyo）的一个单间里，对方只有藩主一人，这边则是笔者陪同着安宅先生。因为是第一次见面，而且还未就交易达成确认，所以双方都显得颇为紧张。安宅先生在面对初次相见的人时几乎都是默默无语的，而对方藩主也是寡言少语。要务当前，还是安宅先生首先开口打破了两人的沉默。"务必请您多多关照……"安宅先生结结巴巴地说，结果藩主马上显露出释然的表情，简短地回答说"如果是安宅先生的话……"两人的对话就好像是禅机问答一般，让人一头雾水。就这样，交易达成，接下来就需要询问价格，已经放下心来的安宅先生就不再多说什么话了。我只能硬着头皮畏畏缩缩地说："我们这边接下来要开始准备的事情，价格方面您是如何考虑的呢？"结果藩主开出了个价格，非常公道，以至令人颇感意外。"我考虑是XXX日元。"随后，我和藩主之间就进行了一些比较事务性的交接。由于我一直神经紧绷，最后简直困惫到说不出话来。安宅先生也疲劳得一时无法站起身来。买东西时，安宅先生反复叮嘱要"尽三顾之礼"，话虽如此，但尽礼数的辛劳也是让人身心俱疲。这是在昭和43年（1968）初夏时节的事情。

---

[1]　日本陶瓷大家小山富士夫先生（1900—1975）认为，日本镰仓时代（1185—1333），到中国浙江省天目山佛寺留学的日本僧侣将建窑烧制的黑釉瓷建盏带回日本，故而此类饮茶器具又被称为"天目茶碗"。此外，日本还有"曜变天目""禾目天目""灰被天目"等分类。——译者注

[2]　酒井家系日本古代氏族之一，江户时代（1603—1868）初期受封若狭国小浜藩主，因而又称"若狭酒井家"。这件油滴天目在日本的传承顺序是：丰臣秀次、西本愿寺、三井家、若狭酒井家、安宅产业。——译者注

中国

10. 日本·国宝·飞青瓷玉壶春瓶

龙泉窑　元　14世纪　高：27.4厘米　住友集团捐赠

在日本的中国陶瓷器中被指定为国宝的只有八件（截止至2007年）。这件玉壶春瓶由鸿池家递藏后，曾为九州的一位煤矿主所有，后来听说他打算出手。昭和39年（1964）前后，K店方面向安宅先生通知他们已经接受出售委托了。安宅先生旋即把我叫去，命令财务方面的负责人马上着手购入的相关事宜。当时公司整体的营业额虽然在不断攀升，但纯利润却持续低迷，财务负责人对此情形也是一筹莫展，不知如何是好。当我把这一情况向安宅先生汇报后，他对我说："你去哪里借些钱来吧。"当时，我刚过三十岁，哪有可以借钱的地方？于是回答说："交涉的事宜由我去做，但请您指示应该向谁去借。"未料，安宅先生回答道："你自己想想办法吧。"最后，我硬着头皮拜托了认识的一位出版社社长，这才得以向K店支付了定金。

大约过了一个月后的一天，我被叫到董事会。在全体董事面前，我突然遭到猪崎久太郎社长的严厉斥责。当时我不知道该如何是好，只能说："我是按照安宅会长的命令行动的，如果我的所作所为有问题的话，就请您直接向会长发难吧。"听我如此解释，社长也没法子了，于是挥手让我离开了会场。就这样，我终于被"无罪释放"。几年后的昭和41年（1966），公司的业绩稍稍有所上涨，安宅先生马上取得了董事会的认可，大手一挥为安宅收藏迎来了第一件日后被指定为"国宝"的器物。昭和42年（1967）第六届"美之美展"上，玉壶春瓶成为名副其实的明星。在听到许多参观者的赞叹后，社长和其他主要董事们也连声说："买回来真好。"听到董事们好评如潮的反馈，我的心里却是哭笑不得，十分不是滋味。

中国
11. 青瓷管耳瓶 *
哥窑　南宋—元　13世纪　高20.9厘米　住友集团捐赠

被认为是哥窑的器物非常多，但其真伪却极难辨别。此器是从首屈一指的中国官窑瓷器鉴定家仇焱之先生处购得。关于此物的真伪曾经征询过国际上颇有信誉的研究者，他们的意见都是确系真品。其口沿处有些许残损，依照安宅先生的意愿并未加以修复。他认为，在展示器物时，比审美更为重要的是呈现出胎土本来的质感与色调，唯有如此才对研究有所裨益。

中国

12. 紫红釉鼓钉洗

钧窑　明　15世纪　口径：24.0厘米　住友集团捐赠

广田不孤斋先生"三种神器"之二。参看第141页白瓷刻花莲花纹洗与第175页五彩松下高士图盆。

注：
钧窑紫红釉鼓钉洗此前一直被认为是北宋时期的作品，最近的研究表明它是明代初期的器物。

中国
13. 青花牡丹唐草纹梅瓶 *
景德镇窑　元　14世纪　高38.1厘米　住友集团捐赠

　　第二次世界大战以后，日本著名画家竹内栖凤之子、收藏家竹内逸先生偶然发现了这件梅瓶，日本国内以此为契机才开始对元代青花瓷器有所了解。据说，竹内逸先生在京都街头看见一位旧货商人拉着一架子车的杂物，其中摆放着这件梅瓶，于是他买下整车杂物而获得此器。作为青花作品中的特例，这件梅瓶的留白部分给人以十分清爽的感觉，安宅先生对其喜爱有加。就笔者管见，尚未有类似器物传世。

中国

14. 日本・重要文化财・青花莲池鱼藻纹罐

景德镇窑　元　14 世纪　高：28.2 厘米　住友集团捐赠

如此重要的作品，却长久以来完全不为人所知，多年秘藏于私家，可见日本旧藏之深不可测。此罐源自一位要求出售藏品的私人藏家，故将其委托给一位专营茶道具的古董商而出品于东京的业内拍卖会。好像当时有些人对其真伪并无把握，短短几分钟内便以起拍价的几十倍成交了。听到这个消息，我们立即开始交涉求购，但 SF 店却完全不予理会。最后，还是等到从海外旅行回来的安宅先生亲自谈判，最终以拍卖会成交价的两倍以上的金额购得。这是昭和 48 年（1973）的一件大事。

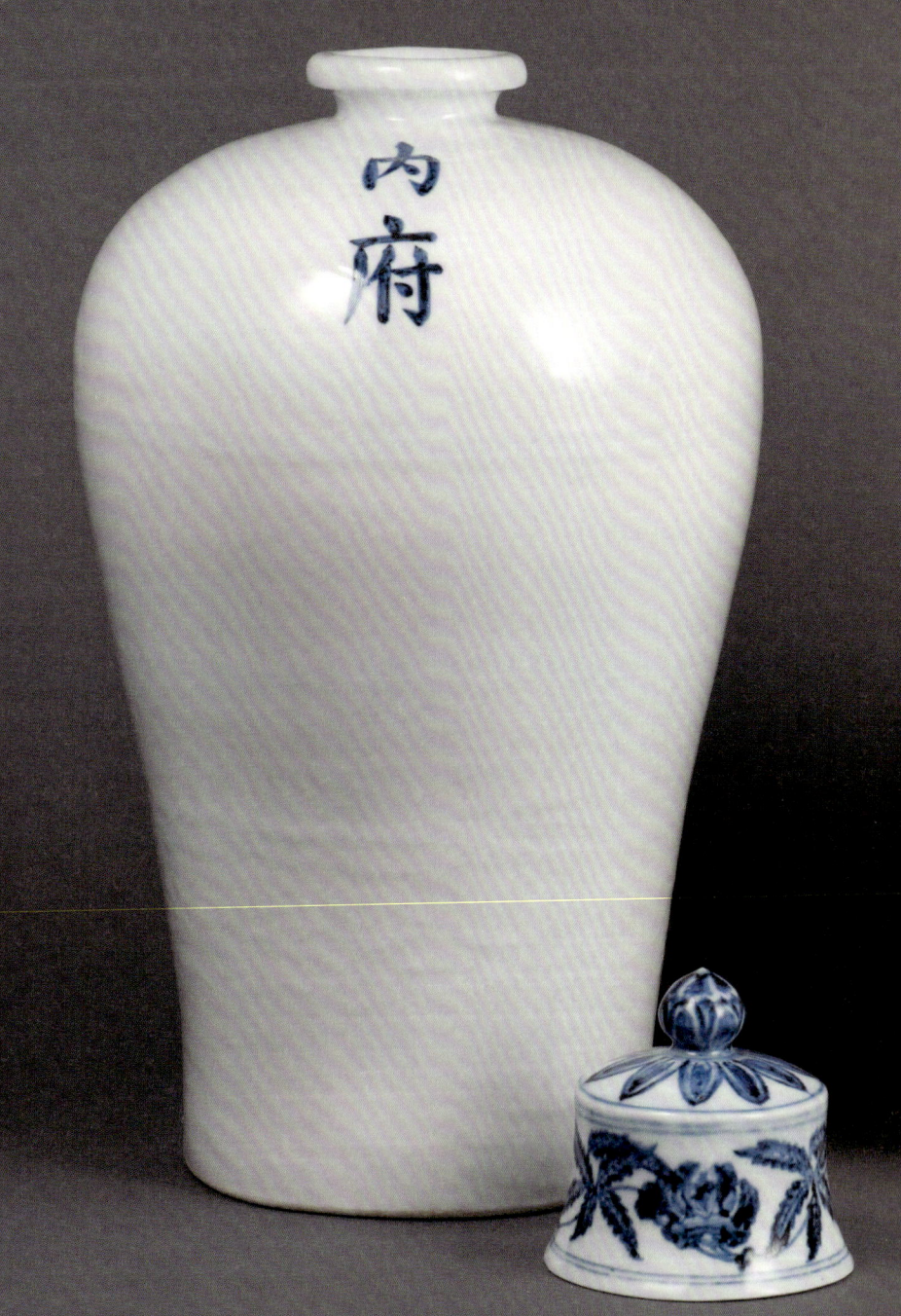

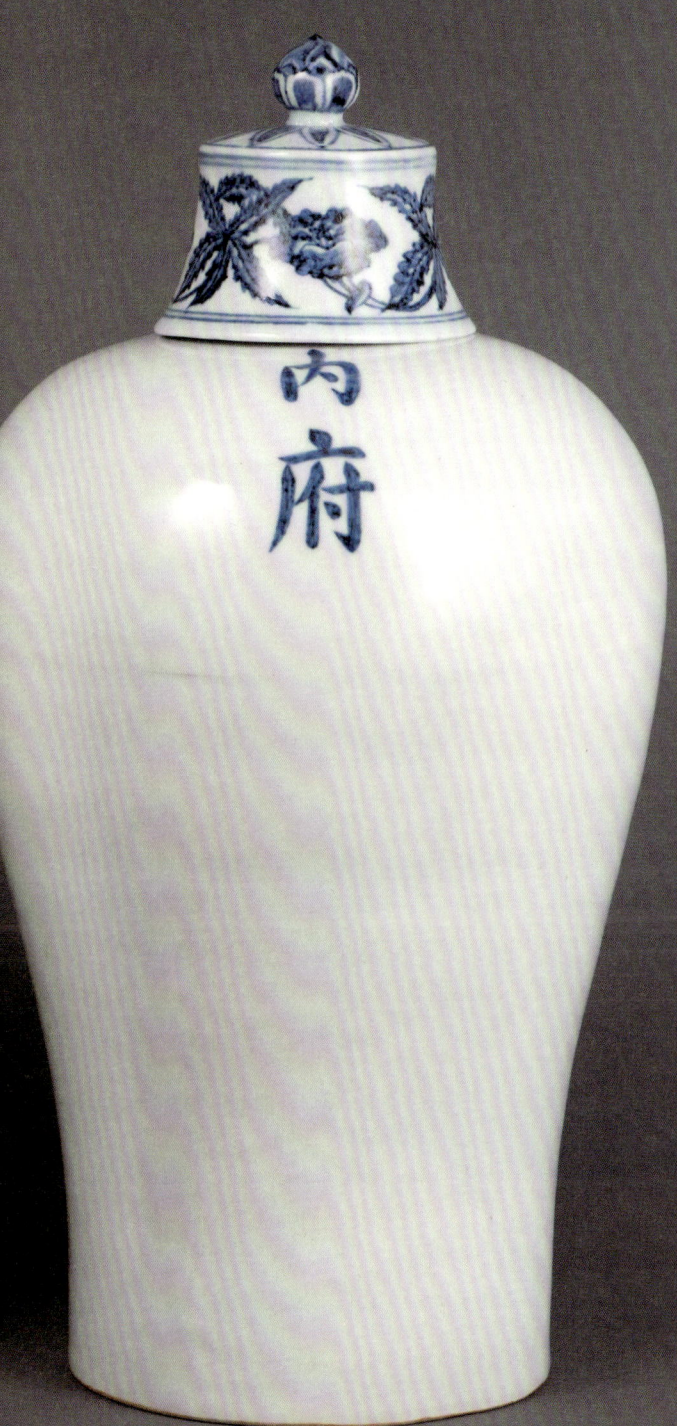

中国

15. 青花"内府"铭梅瓶（一对）*

景德镇窑　明永乐（1403—1424）

左高 40.1 厘米　右高 39.4 厘米

住友集团捐赠

带有"内府"铭的梅瓶颇为罕见。有一位著名的中国陶瓷收藏家来馆参观时，展示了一件与本品相似的器物，而那显然是后世的仿品。笔者将此事告知，对方却难以接受。三十分钟后，通过细致的具体解释，那位收藏家终于被说服。如此珍贵的名品居然拥有一对，这是安宅先生历尽辛苦才得以购藏的结果。当时我与安宅先生一同前往梅瓶主人位于神户的巨大宅邸商议购买事宜，对方端出的茶点却是颇为普通的点心，那种奇妙的违和感令人记忆犹新。据说，这对梅瓶被列为日本重要文化财指定候补时，有委员认为梅瓶本为一对却有微妙差异，因而表示反对，最终未能入选。

166

中国

16. 日本·重要文化财·蓝地白花牡丹纹盘 *

景德镇窑　明宣德（1426-1435）　口径：38.7厘米　住友集团捐赠

与此宣德官窑盘相似的器物还有几件，但仅有此器有"大明宣德年制"的款识。该款识以青花横向书写于盘侧近口沿处。在日本江户时代的著名大名前田家的宅邸遗址上曾发现类似瓷器的残片，说明前田家的收藏活动涉及中国的顶级陶瓷。此器也是经由仇焱之先生之手购藏。

中国
17. 青花蜀葵纹碗 *

景德镇窑　明成化（1465—1487）　口径：14.6 厘米　住友集团捐赠

　　这只成化青花碗带有"大明成化年制"款识，其胎土、釉料以及青花料都经过严格甄选，图案极为典雅精练。此器也因被称为"宫碗"（palace bowl）而备受珍重，安宅先生理所当然地将其作为收藏目标。对于第二次世界大战之后才起步的安宅收藏而言，竟能收藏到两件碗、一件小盘共计三件成化青花，堪称奇迹。这件青花碗更是同类器物中的杰作，安宅先生购藏后欣喜之情溢于言表。三件成化青花能够在同一展柜中组合展出，这令许多美术馆艳羡不已。

中国

18. 日本·重要文化财·法华花鸟纹罐

明　15 世纪　高：44.5 厘米　住友集团捐赠

　　这件藏品是与仇焱之先生结缘的作品，尤其值得纪念。昭和 44 年（1969），安宅先生从志同道合的好友圆城寺次郎先生那里得知，仇先生想出售此罐并向他咨询谁是合适的买家。圆城寺先生回答非安宅收藏莫属。闻讯，我立即飞往日内瓦与仇先生签约，东西被寄放在伦敦某银行的金库里，最终平安交接。此器随仇先生从上海一路辗转各地，放置在一个特制的结实囊匣里。1972 年被日本政府指定为重要文化财。

中国
19. 黄地红彩龙纹罐 *

景德镇窑　明嘉靖（1522—1566）　高：27.1 厘米　住友集团捐赠

此罐有"大明嘉靖年制"款识，系巴黎的老牌古董商在拍卖会上售出。原本罐的口沿部镶嵌有中近东地区加工的黄铜扣，因此，其下是否有残损不得而知。这给参加竞拍的藏家估算价格带来了很大困扰，因为若有瑕疵，其价格便会大幅跳水。仇焱之先生受安宅先生委托私下里与卖主接触，请求对方去除黄铜镶口，于是得以确认此器确无瑕疵。在拍卖会上，又轻松击败其他竞价者，并以低于心理预期的价格购藏此罐。相同种类的小型瓷罐在世界各地广为分布，但如此器这般的大型瓷罐却仅有两三件，而带有原配盖子、釉色浓厚、图案鲜艳的作品则唯有本器一件，因而尤显珍贵。曾经有人质疑瓷罐为赝品，但经过景德镇窑址发掘领域的权威专家刘新园先生仔细鉴定后确认，系真品无疑。

中国

20. 五彩松下高士图盆

景德镇窑　明万历（1573—1620）　口径：36.8厘米　住友集团捐赠

广田不孤斋先生"三种神器"之三。参看第141页白瓷刻花莲花纹洗与第159页紫红釉鼓钉洗。

注：
　　五彩松下高士图盆的用途被认为用于洗脸或沐手。上面的彩绘因为实际使用后往往会有划伤或剥落，但此器却釉彩鲜艳、光亮照人。

韩国
21. 青瓷刻花牡丹莲花纹鹤首瓶
高丽　12世纪　高36.8厘米　住友集团捐赠

高丽青瓷鹤首瓶的起源，很可能与晚唐9世纪末法门寺出土的那种越窑青瓷棱形长颈瓶有关。但是两者时代有别，造型也的确是大不相同。法门寺出土品，器身和颈部八角形的棱角鲜明，有种硬朗的感觉。一般来说，中国陶瓷的器型厚重雄劲，有男性的阳刚之气；高丽青瓷的器型则柔美秀丽，很多器物给人女性纤细之感。在高丽青瓷鹤首瓶中，这件作品，更将"优美"二字诠释无遗。瓶肩部的转折柔和稳重，颈部细长而挺拔，棱线由下而上微呈扭曲状，器身的棱角也非常柔美，这些特征都使器物尽展雍容优雅。

小说家立原正秋先生曾对这件瓶进行了以下描述："长颈瓶颈部的棱线稍稍向右扭曲。这个扭曲非常有味道，可将之视为不完美之美，耐人寻味。阴刻纹饰也非常动人。凝视此瓶，颈部的扭曲看似一位踱步的三十岁左右的少妇，她戛然止步，回头一眸的风韵尽展眼前。我初次见到此瓶时，不禁想象着这位少妇若真实出现的话，我一定把持不住自己。"（日本经济新闻，1977年1月10日）

立原先生"优雅的三十岁少妇"的比喻，的确一语中的。鼎盛时期的高丽青瓷，主要是为王侯贵族而烧制，是优雅的贵族情趣的结晶。安宅先生购得此瓶时非常高兴，对我说"这件作品称得上是跨越中国和高丽的桥梁"，他也经常饶有兴致地将其展示给同仁好友。昭和49年（1974），从K店购得。

韩国

22. 日本・重要美术品・青瓷女童形水滴
高丽　12世纪　高：11.2厘米　住友集团捐赠

　　昭和30年（1955），从M店购得。昭和30年（1955）至32年（1957）之间，受经营业绩的影响，公司对每个月购买古董的支付金额规定了上限。因此，购买高价的器物时，必须分二到五次付款。即便如此，安宅先生只要遇到打动人心的作品，价格不在话下。总而言之，与心仪的作品相遇既是喜悦，也是一种痛苦。

注：
　　除了这件水滴以外，安宅先生还收藏了一件同时期、同产地的童子抱鸭造型的水滴，后者于1987年由东洋陶瓷美术馆购藏。水滴为文人雅士挥毫时向砚池点水的文具。

韩国

23. 青瓷镶嵌六鹤纹瓷板

高丽　12世纪下半叶—13世纪上半叶　长：20.5厘米　住友集团捐赠

这是厚度只有五毫米左右的瓷板。在芦苇和竹子生长繁茂的水边，六只仙鹤徘徊其中。以前认为是白鹭之类的水鸟，近年有研究指出，可能表现的是仙鹤。与白鹭相比，鹤的体态要大得多。它们梳理着羽毛，啄着食饵，或站立，或高鸣，或欲展翅高飞。纹饰中甚至表现了水中的景象。与仙鹤相比，竹子和芦苇显得异常高大。由于施釉厚薄不均，瓷板上形成了浓淡不一的釉色，这反而给人雾水氤氲之感。仿佛弥漫着神秘的寂静，仙鹤拍打翅膀和鸣叫的声音好似萦绕在耳边。高丽时期，佛教作为国教普及全国，据文献记载，大街小巷随处都能听到颂经之声。也许，瓷板上展现的景致就是佛教中所谓的彼岸世界？总而言之，这件作品最为形象地表现出高丽贵族的审美意识。

昭和54年（1979），在东京东急百货店举行的安宅收藏展时，有一位中年妇人来到展览事务室。她说："我父亲曾收藏过一件与这块瓷板很相似的东西。"仔细询问了原委，并看了她拿出的一张老照片后，我得知她就是曾经住在韩国全罗北道井邑地方的知名收藏家的女儿。我说："不是相似，这正是令尊当年收藏过的那块瓷板。"妇人听后为之一震，怀念之情油然而生，激动得热泪盈眶。这也是数十年后她与家藏器物的重逢。

注：
这类似瓷板的残片在全罗北道扶安郡柳川里窑有出土。由于还有梯形和云形等各类造型的瓷板，一般认为这些是用于官殿等建筑物的墙面装饰。

韩国
24. 白瓷刻花牡丹莲花纹瓶
高丽　12世纪　高：35.2厘米　住友集团捐赠

　　这件器物是安宅先生收藏的高丽瓷器中，甚为用心呵护的一件。在我多年的工作学习过程中，也有相当长的一段时间未被允许用手直接触摸它，这是因为此瓶的口部到颈部有较大的修复，另外，釉层容易剥落也是原因之一。这些也能体现出安宅先生对它感情深厚，他从这件作品中仿佛看到了高丽瓷器的美神。

注：
　　高丽瓷器的存世品绝大多数为青瓷，白瓷极为罕见。

韩国
25. 粉青印花菊花纹罐*
李朝　15 世纪　高：36.3 厘米　安宅昭弥先生捐赠

　　此罐器型规整，通体布满精致的菊花印纹，是当之无愧的顶级艺术品。据称这件瓷罐曾用来保存李朝时期第七代国王世祖之孙月山大君的脐带，与此罐一起被发现的还有记载埋藏于天顺六年（1462）11 月 18 日的"胎志"，因此，这也是不可多得的纪年瓷。唯一的问题是，这一说法源自于首屈一指的朝鲜陶瓷研究者浅川伯教先生的一部著作，而他未能提出证明自己观点的依据，因此亦有人批评其论文缺乏严谨。不过，结合粉青陶瓷的发展历史和该罐的制作技法来看，可以断定此器的烧制年代在 15 世纪的某一时期。因此，就结论来看，浅川先生的观点至少在制作年代上是准确的。此外，浅川先生还推断该瓷罐的烧制地点是庆尚北道高灵郡，众所周知，那里也的确发现了大量类似标本，由此可知浅川先生论文的价值所在。

韩国
26. 粉青白地镶嵌条线纹祭器
李朝　15 世纪　高：16.2 厘米　住友集团捐赠

　　安宅先生对这件祭器有着深厚的感情。作为证据，他为其取名"弁庆"，一直这样称呼之，有些像茶人对茶器加以命名的味道，直指器物之本质。"弁庆"这个名字，让人浮想翩翩：对主人源义经的忠诚、他自己的技高人胆大、不修边幅却又情感细腻等等，不一而足。1992年，安宅收藏在美国大都会艺术博物馆展出时，前来采访的《纽约时报》文艺专栏记者问我，该如何欣赏这件作品呢？我回答："从任何角度都可以。你拍一个局部的照片，然后将它放大。请想象一下，这不就是一幅非常出色的抽象绘画吗？"那位记者赞同地连连点头。

　　我也以人们看到这件器物时的反应，来衡量他们对粉青陶瓷理解的深度。这个祭器的形态模仿了中国商代的青铜器方彝。其侧面四角的突起，如果不知道青铜器的锯齿纹的话，可能仅仅视之为陶土的断面。这件器物最大的特征是四面的纹饰，看似随意刻划出的线条，是青铜器纹饰中最基础的雷纹。在这里，将它以白泥镶嵌的手法表现出来，人们能够看到在线条上稀疏地涂抹或拍打上白色化妆土的痕迹。附于四角的四足，如同象腿一般坚固无比。在这里，看不到任何要精雕细琢的意图。有的只是扑面而来的作为祭器用途而与生俱来的庄重威严的存在感。这才是当时的陶工所追求的理想造型。从这个祭器中，人们也可以管窥到安宅先生多元化审美意识的一个极致。

韩国

27. 粉青刻线柳纹长罐

李朝　15世纪下半叶—16世纪　高：43.8厘米　住友集团捐赠

在15、16世纪的李朝王朝前期，"粉青"这种陶器被大量生产。所谓"粉青"是"粉妆灰青沙器"的略称，在日本俗称"三岛"。从高丽时期进入李朝时期，政治方面和社会方面为之一新。宗教也从佛教转向儒教，成为国教的儒教渗透到了国家的每一个角落。在陶瓷方面，就其感觉而言，也从优美女性化的高丽时期向刚毅男性化的李朝时期转变。在李朝时期，既有器型端庄美丽、花纹规矩持重的"齐整"陶瓷，也有器型奔放夸张、纹样粗犷莽率的"非齐整"陶瓷。

这件长罐就是后一种风格的代表作品。以"泥条筑成法"成型，整体施白色化妆土，虽然说是修整，但也仅仅是将表面的凹凸按压平整，形状与规整二字毫不沾边。或许是因为辘轳本身就是倾斜的，所以罐体肩部刻画的弦纹线条也产生了较大幅度的变化。肩部刻划莲花花瓣，但其大小却是各不相同。罐身上的主体纹样看上去似是柳树，但究竟是否是柳树也无从判断。要说是自由奔放也算是自由奔放，积极地评价是大刀阔斧，消极地说就是随意草率。或许，烧制这件长罐的工匠丝毫没有追求精工细作的意识，反而把修整漂亮的器物视为庸俗。整件作品被一种毅然的男性豪侠气质所支配，不过，这种风格如果没有相当卓越的制陶技艺是无法驾驭的。

这件长罐于昭和44年（1969）在石川县美术馆第一次公开展出，当时"人间国宝"滨田庄司先生见到之后大为惊讶，站在那里一动不动地凝视了很长时间，或许他从器物中看到了民艺精神的极致吧。1954年，在购买这件器物时安宅先生也的确花费了一笔不小的资金。

韩国
28. 粉青刻花凤凰纹扁壶
李朝　15 世纪下半叶—16 世纪上半叶　高：23.2 厘米　安宅昭弥先生捐赠

　　这是安宅先生秘藏的粉青扁壶之极品。小林太市郎先生的《朝鲜陶瓷图说》（山本湖舟照相工艺部，1941）收录。安宅先生为之心动，最终如愿购得。昭和 45 年（1970），在日本桥高岛屋举办的"安宅收藏东洋陶瓷名品展"中展出，赢得了观众的赞誉。简笔刻划飘逸的凤凰纹，却形神兼备地显露出桀骜不驯的风貌，这恰恰是安宅先生所偏爱的地方。

注：
　　粉青（日本称"三岛"），根据其装饰技法可以分为印花、镶嵌、剔花、白化妆、刻花、铁绘、粉引等各类。扁壶的器身两面扁平，是一种酒器。

韩国

29. 粉青剔花牡丹纹长罐

李朝　15 世纪　高：33.5 厘米　住友集团捐赠

　　安宅先生初次见到此罐是在 F 店。但当时此罐已售出，店主再三强调了这一点后才拿给安宅先生看。没想到，过目之后，安宅先生无论如何也要从客户手里买回此罐，但未能如愿。后来，勉强找到一件与之相似的罐。尽管如此，安宅先生还是对此罐念念不忘。一年后，通过 F 店的努力终于将之回购，这时的他脸上才终于流露出安定的神情。

韩国

30. 粉青铁绘莲池鸟鱼纹俵壶

李朝　15世纪下半叶—16世纪上半叶　高：14.4厘米　住友集团捐赠

这件器物是鸡龙山俵壶中的神品，即使是在整个李朝陶瓷范围中，它恐怕也是可以进入前十名的佳作。昭和44年（1969），买到这件俵壶之后不久，英国的韩国陶瓷器研究专家贡珀兹（Godfrey St. George Montague Gompertz）联系我说，他近期将要出版的著作中希望可以刊载这件俵壶的图片。安宅先生与我对他获得信息之迅速无不备感惊讶。

注：
　　所谓"鸡龙山"，是指位于韩国忠清道内著名的鸡龙山，周边窑址盛产此类陶瓷，故使用地名来称呼此类粉青铁绘器物。

韩国
31. 粉青粉引祭器
李朝　15 世纪　高 13.6 厘米　住友集团捐赠

　　这件祭器是韩国陶瓷收藏大家 Y 先生的旧藏。如果询问第二次世界大战之前的风雅人士"李朝最优秀的陶瓷器是什么？"那么应该会有很多人马上回答说就是这件。这种传为佳话的故事更为作品本身增色添彩。安宅先生很早就开始接触 Y 先生，并在 1954 年时直接从 Y 先生手中购入此器。当时的价格非常之高昂，以至于分了五次才付清款项。

注：
　　参看第 24 页《护城河》。

韩国

32. 粉青粉引瓶

李朝　16 世纪　高：18.1 厘米　住友集团捐赠

　　这件粉引酒壶是原制药公司董事长长尾钦弥先生的旧藏。这件器物是粉引酒壶中久负盛名的巅峰之作。大德寺的立花大龟和尚见到这件作品后非常喜欢，曾经跟我说："在明月之夜，您拎着这件酒壶到寺里来，我们一起开怀畅饮如何？"安宅先生很多年一直在追寻这件酒壶，终于在昭和 31 年（1956）得以从 K 店购入。

注：
　　所谓"粉引"，是将包括底部在内的全部器物施以"白化妆"的工艺。由于多年的使用，器物釉面大多会呈现出枇杷色泽，备受茶人的珍重。

韩国
33. 黑釉扁壶

李朝　15—16世纪　高：17.0厘米　住友集团捐赠

安宅先生自从在昭和41年（1966）根津美术馆举办的"朝鲜名陶展"上看见这只扁壶之后，心中就无法割舍，一直委托K店搜寻并最终于昭和44年（1969）得以入手。自那以后，他就将这件扁壶命名为"拳头"，并且经常以这个昵称来叫它。这件扁壶的口部收束得如此之小，而罐体又极为饱满，二者之间却依然保持着和谐的平衡，这样的作品实属独特。这种凝缩收敛并充满力量的器型的确与"拳头"这一名字非常相称。另外，它黑釉的发色实属上乘。

韩国
34. 白瓷罐
李朝　16世纪　高23.0厘米　住友集团捐赠

　　这件作品是安宅先生与被称为"眼光犀利"的青山二郎先生交流的唯一物证。木盒盖内是青山先生墨书的"白袴"二字和他的钤印。这一命名一语中的地概括了此器的精神内涵。1956年购藏，据传是源自广田不孤斋先生的递藏。

注：
　　此罐的釉色在李朝前期的白瓷罐中可谓绝无仅有。可能是为了防止渗水，罐内壁涂有铁浆，器底无釉露胎。

韩国
35. 白瓷透雕莲花纹盆台
李朝　16世纪　高：39.5厘米　住友集团捐赠

　　关于这件器物的用途，在过去相当长的一段时间里一直被认为是坐墩。后来随着研究的深入，确定了它是摆放花盆的台座。在高丽青瓷中也有同样的器型，其共同点是皆为筒形，而器足略微外撇。但是，高丽青瓷多为几何图案花纹。而李朝的多模仿植物纹饰，而且大多都是18世纪以后的器物。这件盆台罕见地令人感到风格古拙，应属早期之作，可是具体时期众说纷纭。到了大约十年前，在韩国发现了一只拥有几乎相同纹饰的大瓶，其年份属于16世纪上半叶，以之类推，这件盆台与上述大瓶烧造年代相去不远。

　　目之所及，器物核心纹样是盆台上半部分运用了透雕技法的莲花以及花苞、花茎和花叶，它的纹样表现地得舒展、挺拔、充满生命力，给人一种清新扑面的感觉。同时，当我们看到在莲花和花苞上按压上去的点状纹饰有韵律节奏，浓厚的青白色釉以及叶脉上清晰的刻划细节，都感到陶工那堪称诗魂的创作情怀。

　　昭和57年（1982），东洋陶瓷美术馆开馆后不久，韩国国立中央博物馆的崔淳雨馆长前来参观。当他正在馆内缓步欣赏的时候，脚步突然停在了这件作品前面，凝视了良久之后，他对笔者说："它凝结了李朝白瓷的魅力。若能带至韩国，仅凭这一件就可以举办专题展览会。"当年安宅先生为了入手这件作品，曾经花费了很长时间来筹划策略。这件器物是著名收藏家Y氏最后的镇宅之宝。

注：
　　关于入手的秘策，可参看本书第24页《护城河》。

韩国

36. 青花梅竹纹罐

李朝　15—16 世纪　高 35.0 厘米　住友集团捐赠

　　此罐在李朝初期的青花瓷作品中出类拔萃、光芒万丈，原因在于其纹饰绘制气韵生动、笔致高雅，显然出自当时的宫廷名家画师之手。这件梅竹纹罐原本埋没于坊间的古玩交易会场，安宅先生听说后四处寻访，终于如愿以偿后，他不禁笑逐颜开。时在 1959 年，经过中间人购藏。

注：
　　李朝的青花瓷烧制始于 15 世纪中叶，虽受到中国景德镇青花瓷的影响，却也处处彰显出独特的风格韵味。

韩国

37. 青花鲤鱼纹扁壶

李朝　16 世纪　高 24.1 厘米　安宅昭弥先生捐赠

从这件扁壶的器型、釉胎以及纹饰等特征判断,当属 17 世纪甚至更早时期精心烧造的器物。因未见相似作品,故无法判明其烧制的准确年代。但考虑到此器由加贺前田家[1]传承下来,所以年份很可能为 16 世纪,源自宫廷画师之手绘制的典雅纹饰亦可说明这一点。在李朝青花中此扁壶呈现出独树一帜的高雅格调,堪称绝世名品。此器的木盒上带有"高丽物染付太鼓成得利"的墨书题签,为安宅先生秘不示人的珍藏之一。

---

[1] 前田家系日本古代氏族之一,江户时代初期受封加贺国加贺藩主。——译者注

韩国
38. 青花草花纹多棱瓶
李朝　18世纪上半叶　高：24.0厘米　住友集团捐赠

　　日本人看待事物的态度颇为情绪化。他们之所以对李朝陶瓷倍加珍爱赏玩，是因为陶瓷的美深深地动人心弦。最能反映这种感情的是"秋草手"（18世纪上半叶，广州金沙里窑所烧制的青花瓷器），任何一位韩国陶瓷收藏家都梦寐以求。"秋草手"的显著特征之一是：釉色呈深浓郁的乳白色，既非雪白、灰白，亦非青白，而是温润的乳白，很多人为之痴迷；其次，寥寥几笔的秋草纹饰令人爱不释手。其实，器身的花草并不只限于秋天的植物，而是以此诗意的名字称呼之，的确恰到好处。值得注意的是，纹饰并不会扩展到整个器身，而是有着大面积的留白。另外，青花发色淡雅，赏心悦目。整体而言，"秋草手"散发出牧歌般的诗情画意之美。

　　这件秋草手酒瓶器型小巧，安宅先生曾经将其作为志在必得的目标。前任藏家是审美眼光与安宅先生不分伯仲的某氏，如果正经八百去请求他割爱，只会吃个闭门羹。在安宅先生卧室门前有一处小走廊，上方总是悬挂着一块不大的匾额，里面是他想要收入囊中的器物照片或图版。就我所知，长达几年时间，匾额里一直放着的就是这件秋草手多棱瓶的照片。每天就寝前看一看匾额里的照片，静静地琢磨如何下手，这成了安宅先生的必修功课。1961年，精诚所至，通过一位中间人终于求得美器后，旋即叫我前往。我一进客厅，摆放在壁龛内的秋草手多棱瓶马上映入眼帘，我说了一句"终于……"，便激动得一时语塞。安宅先生则一如既往地面露微笑，看上去整个人都好似沉浸于圣洁的光泽之中。

韩国
39. 青花开光草花纹棱罐
李朝　18 世纪上半叶　高 23.0 厘米　住友集团捐赠

　　与此器极为类似的另一件罐为浅川巧先生旧藏，后为安宅收藏所有。壶中居店主人广田熙先生坚信世间没有孤品，踏破铁鞋终于找了此罐，但价格高得惊人，最终壶中居咬牙才买到手。好东西不愁没人识货，马上被某财阀求购。安宅先生通过壶中居长时间与对方磋商后，最终于 1958 年如愿纳入囊中。如此这般，可能世间仅有两件的李朝青花秋草纹棱罐现今皆入安宅收藏，并呈双璧。

韩国

40. 青花釉里红莲花纹罐

李朝　18 世纪下半叶　高 44.6 厘米　安宅英一先生捐赠

　　在安宅产业时代，此罐作为安宅收藏的象征频频在展览中露面，但它并非公司的资产，而是安宅英一先生的私人藏品。东洋陶瓷美术馆开馆之际，许多有识之士得知此罐不在馆藏之列而深感遗憾。其实，安宅先生早有心愿将此罐捐赠，在 1986 年时机成熟之时，这件作品终于以安宅先生的名义赠予美术馆。

　　此罐系浅川伯教先生旧藏，后来转入赤星五郎先生珍藏，是众所周知的李朝陶瓷之神品重器。

韩国
41. 青花山水纹方瓶
李朝　19世纪上半叶　高14.4厘米　住友集团捐赠

　　李朝时期的青花方瓶数量众多,但器型如此小巧的确属罕见。此瓶四面绘制的是汉江的周边景色,山峰与水中倒映的山影并不相吻合,反而呈现出不可思议的奇妙景观。1971年,从H店买入。当时的价格已是市场行情的两倍以上,其实是H店的惜售战略。笔者向安宅先生汇报后,他说:"买下来吧,等到十年以后还不都是一样?"就这样,安宅先生当机立断未加还价把它买了下来。现在看来还是颇有先见之明的。

韩国

42. 青花釉里红牡丹纹瓶

李朝　19世纪下半叶　高42.5厘米　安宅昭弥先生捐赠

　　安宅收藏中有很多东西给人的印象是必须神经紧绷，并且屏住呼吸才能加以欣赏。但实际上，安宅先生的审美范畴非常宽泛。这件瓶的造型与纹饰就显得浑朴自然。安宅先生挑选出这件憨拙质朴的瓷瓶，陈设在神户家中，供日常欣赏。安宅先生所嫌弃的是匠气外露的器物，而对于那些朴素自然的作品，他绝不会忽略其所呈现出的美感。

韩国
43. 铁绘虎鹭纹罐
李朝　17 世纪下半叶　高 30.1 厘米　住友集团捐赠

　　赤星五郎先生是第二次世界大战以前的韩国陶瓷收藏大家之一，他收藏的东西后来几乎都被纳入安宅收藏，其中青花釉里红莲花纹罐（图版 40）与铁绘虎鹭纹罐尤为出名。二战前，赤星先生将其收藏在美术俱乐部的艺术品售出，却引发了古董商之间的尔虞我诈，东西重回赤星先生手中。1964 年，安宅先生经人介绍得以购得，日后成为明星藏品之一。

中国
44. 青铜饕餮纹鸱鸮卣
商　公元前 14—前 11 世纪　高 32.0 厘米　住友集团捐赠

　　安宅先生的目光并非仅仅局限于陶瓷。有时候，他也会被青铜器所吸引。这件青铜器是 1960 年从 H 店购入。虽经 H 店主人的推荐，但安宅先生其实一眼已经看出了这件鸱鸮卣的非凡艺术价值。世界知名的青铜器专家、上海博物馆原馆长马承源先生见到此器后不由得惊叹道："原以为安宅收藏只有陶瓷名品，没想到居然还有如此珍贵的青铜器。"（小林仁先生摄影）

中国

45. 剔红莲池鸳鸯纹花口盘

明　15世纪　直径60.0厘米　住友集团捐赠

　　安宅先生在东京期间每周会去K店或M店两三次，如果他在大阪，经常会去F店或H店。安宅先生之所以经常光顾各家古董店，主要是不想错过购藏名品的机会。同时，这也是及时掌握信息的有效渠道。

　　美术馆与博物馆在计划购入作品时，往往会从古董商那里将器物拿回去，并研究相当长的一段时间。K店将这件漆盘拿去给了一家博物馆，但对方一直未研究明白，于是漆盘又被还回店中。1972年的一天，K店刚把这件漆盘拿出给安宅先生欣赏，他立刻就被深深吸引住。尽管有漆器专家怀疑此盘可能并非中国制而是日本生产，但安宅先生丝毫不为之所动，立刻决定买进。在得到公司的许可后顺利完成了交易。此时的安宅先生丝毫没有平日里谨慎持重的英国绅士风度，从下定决心到采取行动，整个过程速度惊人，就如同雄鹰发现猎物后回旋直下，成功捕获后又立即飞上半空一般身手敏捷。有一次，世界知名的收藏中国漆器的美国藏家夫妇来东洋陶瓷美术馆参观，当他们见到这件漆盘时，夫妇俩不约而同伸开双臂高声赞叹道："从未见过如此精美的漆器。这是何处得来的？真是令人羡慕！"

注：
　　所谓剔红，是在器物胎体上反复涂刷朱漆数十遍之后，再在其上雕琢纹饰的工艺。剔红器物始于宋代，流行于元明两代，在清代更为盛行、作品丰富。使用黑漆的称为"剔黑"，而使用黄漆的称为"剔黄"。此工艺于镰仓时代传入日本，日本的作品称"镰仓雕"，兴盛一时。这件剔红花口盘是在明初漆器中少见的大器，为本愿寺递藏。

越南
46. 青花双鸟纹盘
15 世纪　直径 41.5 厘米　住友集团捐赠

　　安宅先生对越南陶瓷产生兴趣，大概始于 1972 年在 M 店见到此盘的那一刻。不过，对于他而言，第一次就看到了越南青花瓷中的旷世杰作，也不知是该庆幸还是失落。以购买此器为契机，安宅先生不断探寻越南陶瓷名品。最终购藏了三件瓷盘及两件瓷瓶，但其他器物与之对比无疑相形见绌。

后记[1]

这本书完稿后，随着初校和再校的进行，我不断想起来应当写那个、忘了写这个等等的内容，总觉得悔之莫及。这可能也是这种回忆录无法避免的遗憾。

关于安宅英一先生，我总在想必须要写下些什么，可一旦付诸行动，却发现收集相关资料的工作太过迷茫且不得要领。最终未能写成传记或评传的形式，对此我感到些许的羞愧，但是想想安宅先生说过的："于历史留下痕迹又有什么用呢？"这或许就是事物的必然。他认为，任何事物都遵循着"该怎么样就怎么样"的存在法则。

尽管如此，我心中备感忐忑，所谓的回忆即便是源自于事实，可无论如何它都只不过是被一个看似真实的外壳所包裹的东西。保尔·瓦雷里[2]（Paul Valéry）曾经说过："手中不拿着铅笔只顾着观察事物，这与一边给事物画素描一边进行观察有着很大的不同。"与此相似，当时的实际情况和后来的追忆回想虽然都在描述同一事象，但最终还是会变成两件完全不同的事情。

因为我太过想要彻底地描绘出安宅先生人物形象的方方面面，结果意识到可能把一些不写自明的内容也行文其中。我认为安宅先生是一位极富艺术天赋的杰出人物，但我绝无意图要把他神化到完美无缺的程度。我想要坚持的是始终把安宅先生作为一名收藏家来看待，因此，可能会有声音批评说从整体把握安宅英一这个人物的角度而言，挖掘得不够深入。对此，我坦然接受。

---

[1] 此篇后记译自原著。

[2] 保罗·瓦雷里（Paul Toussaint Jules Valéry, 1871—1945），法国著名作家、诗人和哲学家、法兰西学院院士。——译者注

还有一点，我坚信陶瓷名品在安宅先生心中所占据的重要位置。所谓的逸闻很多时候只能描绘出事物的边缘，而无法触及其核心。有句话叫"东西会说话"，我对此深信不疑。换言之，我坚信要通过器物来探求安宅先生的内心世界。但是，学术角度的客观分析与剖析审美的心灵探索之间，存在着巨大的隔阂。基于此，本书中对于器物图版数量较为控制，文字也多从鉴赏角度加以展开。这是因为自始我就坚信艺术鉴赏不能依赖于照片。在这一点上批评说本书内容不够饱满的话，我也无话可说。

最后，在本书最终付梓之前的近十年期间，作为责任编辑的吉野朝子女士一直在耐心等待，设计师清嶋滋先生则克服了诸多困难，最终完成了令人满意的装帧。另外，还有很多帮助过笔者的各界人士，本书付梓之际，我虽然看似神情自若，实际上却在内心深处真挚地双手"合掌"致以感谢！

伊藤 郁太郎
2007 年 10 月

译后记

  日本关西地区的中国古陶瓷收藏以大阪市立东洋陶瓷美术馆首屈一指。对于看惯了两岸故宫博物院典藏的人,若到了日本,恐怕也只有在这里才能找到"宾至如归"的感觉。构建起美术馆藏品支柱的人就是具有非凡眼光的鉴赏家安宅英一(1901—1994),由他精挑细选出来的藏品彰显了高雅的鉴赏品味。其中,宋瓷、元青花、明代官窑尤其质量上乘,驻足欣赏,光芒万丈。

  这里也是韩国古陶瓷的艺术宝库。1991年,我第一次到该馆参观,记得门口的宣传海报上是一件青花葡萄纹盘。葡萄珠一粒一粒描画得晶莹剔透,圆润饱满。这是我第一次感受到韩国瓷器之美:质朴无华,清新脱俗。后来我才知道葡萄(或葡萄松鼠)是李朝士大夫所极为钟爱的题材,梨花女子大学博物馆的铁绘罐、日本民艺馆的青花加铁绘罐等皆为个中名品。李朝的水墨葡萄图也独树一帜,其中一幅的题赞尤其文采斐然:金风舞动苍龙尾,吐出圆光万颗珠。

  《美之猎犬》的著者伊藤郁太郎先生今年已逾九十高龄。他跟随安宅英一先生鞍前马后四十余年,最初供职于安宅产业公司,东洋陶瓷美术馆成立后更作为首届馆长把相关工作一肩挑起,在文化普及、学术推动、国际交流等方面贡献卓著,先后受到了日本及韩国政府的表彰。撰写安宅先生对古陶瓷的审美眼光及相关收藏轶事,伊藤先生无疑是不二人选。我尤其感慨于书名之妙,他以"美之猎犬"自诩,令读者想起了白石老人的那方名印"青藤门下走狗"。

我生也晚，20年前留学日本期间有幸加入古陶瓷研究组织"东洋陶瓷学会"，2007年曾在研究会上发言，介绍国内关于传世官钧瓷器的研究动向。由于安宅藏品中亦有"二"号数字的玫瑰紫鼓钉洗，伊藤先生格外关注。这件作品在本书中也有提及，年代定为明早期，反映了日本学界与时俱进的开明态度。

这几年，每次前往大阪，一定会去参观东洋陶瓷美术馆，去年把儿子也带去熏陶感受古瓷之美。美术馆出版发行的历次展览图录早已成为各国瓷友的座右之宝，好几种售罄后一册难求。我在疫情期间滞留东京，遂将希望翻译此书以飨中文读者的愿望诉之伊藤先生，喜得快诺。

本书的出版，离不开著者的关心支持。一年以来，伊藤先生多次通过电邮答疑解惑，古风感人。还要感谢大阪市立东洋陶瓷美术馆出川哲朗前馆长及小林仁学艺科长的特别关照，两位专家对中日古陶瓷文化交流贡献良多。此外，本书得到了收藏家张松桥先生、艺术家张朱秋慧女士、佳趣雅集冯玮瑜会长大力支持，瓷友柴亚林、张桐、周刚、贺子笑、胡杰等贡献力量，上海书画出版社王立翔社长、王剑副总编、邱宁斌编辑联络出版事宜，在此，谨向以上各位致以衷心感谢！

金立言
2022年3月

图书在版编目（CIP）数据

美之猎犬：大阪市立东洋陶瓷美术馆安宅收藏余闻/
（日）伊藤郁太郎著；金立言译. —上海：上海书画
出版社，2022
ISBN 978-7-5479-2826-4
Ⅰ.①美… Ⅱ.①伊… ②金… Ⅲ.①古代陶瓷—收藏—日本 Ⅳ.①G262.4
中国版本图书馆CIP数据核字（2022）第104663号

BI NO RYOKEN ATAKA COLLECTION YOBUN
Copyright © 2007 Ikutaro Itoh
Chinese translation rights in simplified characters arranged with Ikutaro Itoh
through Japan UNI Agency, Inc., Tokyo

版权登记号：图字09-2022-0309

美之猎犬

大阪市立东洋陶瓷美术馆安宅收藏余闻

[日]伊藤郁太郎 著　　金立言 译

责任编辑	邱宁斌　张箬溪
审　　读	雍　琦
责任校对	朱　慧　黄　洁
封面设计	陈绿竞
技术编辑	包赛明
出版发行	上海书画出版社
地址	上海市闵行区号景路159弄A座4楼
邮政编码	201101
网址	www.shshuhua.com
E-mail	shcpph@163.com
制版	上海久段文化发展有限公司
印刷	上海画中画包装印刷有限公司
经销	各地新华书店
开本	787×1092　1/16
印张	14.5
版次	2023年2月第1版　2023年2月第1次印刷
书号	ISBN 978-7-5479-2826-4
定价	150.00元

若有印刷、装订质量问题，请与承印厂联系